大脑使用书 / 01

超级记忆术

○陈玠 编

中国华侨出版社
北京

Preface
前 言

为什么我们那么在乎自己的记忆？仅仅是为了找到丢了的钥匙或者想起有用的数字吗？答案是否定的。记忆包括我们的身份、个性与智力，以及所有我们想要保存的经历的总和。事实上，我们一直在不断地将记忆运用于日常生活中，尽管我们常常没有意识到这一点。

为什么学习那么用功却总也记不住？为什么电话号码、重要日子记了又忘？为什么看到一张十分熟悉的面孔却想不起名字？为什么连重要的谈判会议都能忘词？为什么打个岔就忘了自己要干什么了？为什么经常在家翻箱倒柜地找东西？你是否对自己的记忆力抱怨不已？你的记忆潜能还有多少没有被挖掘出来？你是否想拥有超级记忆力，成为读书高手、考试强将、职场达人？

研究表明，人脑潜在的记忆能力是惊人的和超乎想象的，只要掌握了科学的记忆规律和方法，每个人的记忆力都可以提高。记忆力得到提高，我们的学习能力、工作能力、生活能力也将随之提高，甚至可以改变我们的个人命运。

众所周知，随着年龄的增长，我们的记忆力会减退，然而这并不是无法改变的灾难，在明白了我们的记忆是如何工作的之后，我们可以使它的效能得以提升，从而提高学习能力、工作能力和生活能力。

为了帮助读者开发大脑潜能、改善记忆力状况、快速获得提高记忆力的方法，本书在综合了记忆领域研究成果的基础上，解释了记忆的复杂机制，系统地阐述了记忆力的形成、保持、再现，以及遗忘等记忆活动的规律特点，深入探讨了影响记忆力的因素，并介绍了包括联系法、位置法、机械学习、路线记忆、记忆地图、外部暗示法、感官记忆法、图像记忆法、逻辑推理法等多种有利于提高学习能力的记忆方法。

丰富的内容、精彩的游戏、科学有效的方法，结合大量的实用技巧，不仅可以帮助学生提高学习效率，而且对于上班族、需要创造力及想象力的专业人士，以及随着年龄的增长而有必要重新给大脑充电的人，都有很大的帮助。只要认真按照本书中的方法去做，就一定能开启你的记忆潜能，从而成为记忆超人，实现自己的理想。

Contents

目 录

第一章 探索记忆的奥秘

关于记忆/2

最初几年的记忆/11

在学校的记忆/16

专业领域的记忆/21

男性与女性的记忆/28

强烈刺激会留下深刻记忆/30

广告，记忆的实验室/32

退休后的记忆/34

剖析记忆/38

第二章 记忆的程序与类型

在所有状态下的注意力/43

感情扮演的角色/48

被抑制的记忆/50

对信息进行选择和分析/52

从编码到背景/54

双重编码/57

当记忆背叛我们/60
无遗忘的记忆点/64
记忆的3个关键阶段/68
临时记忆/71
长期记忆/75
感官和记忆/82
自传性记忆/91
前瞻性记忆和元记忆/94

第三章 评估你的记忆能力

记忆力好不好的标准是什么/98
测测你自己的记忆力/101
你对待生活的大体方式/105
评估你的临时记忆/109
评估你的长期记忆/112
评估你的前瞻性记忆/116
诠释你的强势和弱势/118
你适合哪种记忆方法/119

第四章 培养记忆习惯，提升记忆力

从简单的窍门到记忆策略/124
记忆策略的主要原则/129
目标和时间管理/135

记忆面孔与名字/137
记忆日期和数字/140
从阅读中受益/142
对地点的记忆/145
追溯个人经历/147

第五章　左右脑开发，拥有超级记忆力

超右脑照相记忆法/151
进入右脑思维模式/155
给知识编码，加深记忆/157
用夸张的手法强化印象/160
造就非凡记忆力/164
神奇比喻，降低理解难度/167
另类思维创造记忆天才/170
左右脑并用创造记忆的神奇效果/173
快速提升记忆的9大法则/176

第六章快速练就超级记忆的技巧

字钩记忆法/180
理解记忆法/183
概括记忆法/185

分类记忆法/187
形象记忆法/191
图像记忆法/194
提纲记忆法/196
细节观察法/199
外部暗示法/202
虚构故事法/205
逻辑推理法/208
联想记忆法/211
罗马房间记忆法/214

第一章

探索记忆的奥秘

关于记忆

如何定义记忆

记忆不是以简单的程序存在的，关于记忆最常见的说法是学习和记住信息的能力。然而，随着年龄的增长，人们发现先前的知识不断被遗忘，并开始抱怨自己的记忆。事实上，生物学的实际情况比这个相当模糊的“记忆”术语复杂得多。

面对一条新信息，通常先是一个极其短暂的感官记忆，接着是一个 20 多秒钟的短期记忆，然后是通过各种途径构筑成长期记忆。

记忆这一术语也同样应用于对 3 个动态过程的参照：学习新信息，将其储存在大脑的特殊空间，然后在需要的时候将其找出来。

对大多数人来说，记忆基本上被用于自主学习的场合，而在日常生活实践中我们常处于不自觉记忆的情况下，即科学家们所说的“无意识记忆”。这种应用于日常的记忆，使我们无须真正去学习就能记住邻居所穿裙子的颜色。这种能力是我们自然智力功能的基本要素之一。

什么是“好的”和“差的”记忆

比较“好的”和“差的”记忆涉及记忆程序的运行效率问题，我们认真地学习并很好地储存所学的信息，是否就能够很容易地回想起来？我们会发现有许多不同的描述，并且每个人对记忆的抱怨也不相同。

另一方面，一些事物有助于发展某些人的记忆力，对另一些人则不然。所以，我们不能真正地比较“好的”或者“差的”记忆。因为，对记忆效率的感觉是非常主观的：一个人与另一个人不同，一个领域与另一个领域不同，一个年龄段也不同于另一个年龄段。另外，在医学上，虽然神经学家和心理学家能够判断一个人是否存在记忆的障碍，但是，对他们来说衡量和断定一个人记忆力的真实情况是极为困难的。

□ 好的记忆是年龄的问题吗

应该以另一种方式来提出这个问题：是否存在一个学习效果最佳的年龄段？答案是肯定的。人们在大约 30 岁之前，能表现出不同寻常的记忆能力，较容易集中精神，并且学习速度较快。在这之后，人们学习变得有些困难。但是，这并没有什么可怕的！只不过为了达到同样的效果，人们需要用更多的时间。在 15 岁时我们只需要学习 3 次就能记住一首诗，而 50 岁时我们必须投入更多的精力来分析和处理信息，而且我们对干扰和噪音更敏感，所以需要更多的时间和更多的尝试来记住同一首诗。一个中学生可以边听音乐边复习功课，而一个 40 岁的人只能在安静的环境中才能保持精神集中。

然而，当涉及重新提取信息时，年龄大则构成一个优势，因为一个人的年龄越大，所储存的信息相对就越多。让我们来举一个例子：如果你是一位年轻记者，正在跟进一个选题，关于这项任务你一定比你的主编知道得更多。但是他可能会告诉你，关于类似的内容，在 60 年前的某份报纸上曾发表过一篇非常有意思的文章。这是记忆中经验的参与，是随着时间的推移所积累的知识的反映。如果你让一名医生学习一篇医学文章，他将比较容易记住，因为他已经拥有了这个领域的很多知识，这将帮助他记住新的知识。相反，如果是一篇法律文章，他就只能死记硬背，这对他来说比较困难。

□ 最好在年轻时学习一门外语吗

最好早点开始学习外语，因为它涉及精确的知识，而通常一种语言词汇的构筑、语调的学习都是在幼年自觉发生的。5岁之前，一个孩子能够自觉学习不同语言的全部语音；而年龄稍大一些，则会选择那些自己常听到的词汇进行学习。因此，一个年纪非常小的孩子可以借助一些短小的歌曲来掌握不同的外语语调。

对成人来说，这项任务更多地要求“用心”强记，因此将更难以实现。但是不要忘记，总是存在个体的例外。有个老板在退休后学习了西班牙语和意大利语，并且达到了相当优秀的水平。而这对其他人来说，则被证明是比较困难的。

□ 记忆力的好坏是基因决定的吗

即使教育可能扮演着一个重要的角色，我们还是发现，一些人虽然没有在著名的院校进行过长时间的学习，却有着非常出色的记忆力；相反，有一些人虽然经常出入重点院校，却并没有良好的记忆力。因此，学习能力的不同，不仅仅归因于教育的影响。

然而，还没有任何一个研究人员发现超常记忆的主控基因！虽然在某些动物身上发现遗忘基因和记忆基因，但是直到现在，这些通常是从一些非常特殊的实验中总结出来的假设，很难用以推断人类记忆的自然功能。总之，记忆肯定表现为天生所有和后天获得的混合物。

□ 男性和女性以相同的方式记忆吗

回答这个问题并不容易，虽然绝大部分的性别特征与教育有关，然而通过采用激素分泌的间接方法却证明，基因也是一个需要被考虑的因素。某些激素分泌的多少是性别特征形成的主导因素，并且对许多智力功能，特别是记忆的运作具有影响。这种干预如果出现在儿童发育期间，将决定男孩和女孩的不同能力；如果出现在成人期间，将导致不同的行为效率，例如，女性月经期间行为效率多少会有所下降。

通常女性在应用语言的活动中更有成就，而男性在需要求助于视觉一空间记忆时则表现得更有效率。例如，为了记住一条路线，女性趋向于记忆口语标志——“到了药店，向右拐”，而男性更注意空间方位的变化。

□ 良好的记忆是智力使然吗

记忆当然与智力有关。同样不可否定的是，它参与智力的运行功能。但是我们从科萨科夫综合征患者身上发现，他们虽然遗忘了许多东西，智力却完好。1888 年俄罗斯医生科萨科夫曾经记录，他的一个遗忘症患者在赢得一盘象棋两分钟后，就忘记了自己获胜的事实。

心理学家用“认知”或者“认知过程”代替“智力”这个术语。如果把智力定义为解决问题或者适应新情况的能力，那么在缺乏记忆参与的情况下，它将是极为残缺的。事实上，智力因生活经验丰富而逐渐提升，而经验就是记忆。

□ 我们的大脑是否在不断地记忆

只要我们不睡觉，大脑就会感知信息，我们就可以或多或少地去记住某些信息。当我们正在聚精会神地阅读一篇文章时，有人在隔壁房间听收音机，起初我们可能没注意或者听不见……直到某个时刻阅读无法再吸引我们的注意力，于是我们的精神由于音乐的干扰而开始漫游。幸运的是，意图、动机、意识（我想学习）能够过滤这种对干扰的感知，使我们的注意力集中。

但是，我们是否能记住所感知到的一切？所有的都被储存起来了吗？我们都能够回忆起来吗？一切感知都在我们的大脑里刻印下痕迹，但其中一些被删除了，另一些改变了：不太重要和未被利用的信息将会消失，或隐藏在某种存在之中。总之，很可能我们记住了比我们所想象的要多的信息，但也应该考虑一下所有信息是否都真的有用。

□ 我们冒着记忆“饱和”的危险吗

我们的记忆存储似乎从来都不能达到饱和，并且我们总是能够学习更多的东西。除非在生病的情况下，一个 80 岁或 90 岁的人完全有能力学习新知识。

然而，学习机制则不同。在一段时间的学习之后，平均在 45 分钟到 2 个小时之间，记忆即达到饱和。但如果我们隔一段时间更换一个科目，就能够连续 6 个小时不断地学习。事实上，最好将知识分成小块来学习，以避免极为相近的知识之间互相干扰。虽然每门学科都没有全部学完，但是我们却能够很好地掌握已经学过的部分。当然，一段时间之后，应该休息或者更换学习内容。更换科目能重新刺激学习机制，不要忽视新事物的激励作用。

我们应该在什么时候为自己的记忆担忧

约有 50% 的 50 岁的人和 70% 的 70 岁以上的人常抱怨自己的记忆，但这些抱怨并不一定对应着记忆障碍——没有疾病就没有记忆障碍。许多抱怨自己记忆不好的人，记忆检测结果却完全“正常”，其实他们只是缺乏注意力。然而在日常生活中对另一些情况的抱怨则确实令人担忧，比如别人重复了 20 次的问题仍然记不住；经常在马路上迷失方向；不记得 10 天以前做过什么，而那天正是侄女的生日……如果在记忆检测中确实显示出不正常，那就有可能真正患了疾病。

□ 如何进行记忆诊断

首先，帮助那些来做记忆诊断的人消除疑虑是非常必要的，要让他们有信心。记忆测试一般需要 1—3 个小时，为了确定某一种记忆障碍，必须对记忆的不同方面进行测试：视觉记忆、口头记忆、文化知识、个人经历，等等。并且不应仅局限于测试记忆，同样也需要测试注意力、语言能力、演绎推理能力等。

所谓对“情景”记忆的测试，包括对一列词汇、历史知识或者地图的学习，可以是简单的，也可以是复杂的。一旦被测试者已经记住了一列词汇，我们将立刻让他复述（即刻回忆），然后在 2 分钟、5 分钟或者 10 分钟之后再次复述（分散记忆）。测试可以通过提供一个线索来简易化：“请你回忆一下，在那列词汇中有一种花的名字。”也可以要求在第二列词汇中找出在第一列中出现过的词，也就是说，通过“识别”来回忆。

□ 如果测试结果显示不正常该怎么办

如果结果是正常的，测试就到此为止。如果测试表明存在记忆障碍，医生可以要求被测试者做其他医学影像的检查。通过扫描或者磁共振图像可以知道某种功能丧失是源于肿瘤还是脑部疾病发作，或是记忆区域萎缩。这种检查报告有时候对探测某些疾病非常有用。

我们为什么记住一些事情，却忘记另一些事情

在个人记忆中，感情、感觉和动机扮演着重要的角色。记忆一条信息，不仅只是学习这条信息，也是学习它所要表达的内容，也就是说不仅是记住时间和地点，也包括情感体验。我们知道，愉悦可以刺激学习机制，而当缺乏快乐的因素时，记忆力就会下降。因此，记忆的选择性必定与动机、个性、个人经历、已有的知识等因素相关。例如，一些焦虑的人较不善于记住那些不让他们担忧的事物的信息，因为他们的注意力被焦虑“消耗着”。

□ 我们为什么会遗忘

随着年龄的增长，记忆的动机和能力会改变。我们学得不好，因为我们很累，动机不够，并且注意力也降低了。以前记住的一些信息变得普通或失去作用，要想从大脑中重新提取出来变得更加困难，而且需要投入更多的注意力。这就是为什么那些年龄大的人更容易回忆起以前那些经常被重复，并且在感情中打下深深烙印的事情的原因。

这种难以找回记忆的现象常表现为两种形式。第一种是“舌尖现象”，其特征是对一条信息的回忆非常困难，然而我们知道它就在那儿——比如，一个人的名字——只是一时想不起

来。而当我们成功地想起第一次遇到这条信息的场景时，它就会出现在我们脑海中。

第二种现象则与记忆的“源头”有关。我们记住了一些事情，但是却记不清事情发生的具体时间和地点。例如，我们接连几次向同一个人讲述同一则逸事，因为我们忘了在生命中的哪个时刻已经讲过它了，而且讲过不止一次。

□ 一些记忆为什么被扭曲

因为一个很简单的原因：记忆不是以一个自主的实体存在的。记忆不是你能在图书馆的书架上找到的一本书，也不是一张相片。我们记住一张相片，是记住了这张相片的组成要素，也就是说，回忆的过程是对一幅图像或者一种状况的重组。在这个过程中，我们只能重组不超过 80% 的信息，而另一个参加了同一个场景的人也记住了 80%，但是他所记住的内容和我们记住的是不同的。长久之后，一些要素将永远消失或者被别的信息干扰而改变、扭曲。因此，我们可能以为堂妹曾经在 1986 年的假期来看望过我们，而实际上她是在 1989 年的假期来的。尤其是如果我们在同一个地点度假，错误的信息就更容易对记忆造成干扰。

□ 为什么有时候我们找不到钥匙

我们的日常生活充满了很多随意的情形。当把钥匙随意放在某个地方时，我们总是不太注意，因为放钥匙的动作在记忆中与其他相似的、重复了上百遍的动作混淆在一起了。要知道，我们的大脑不能记住或者以有意识的方式回忆起所有的东西。为什么我们要记住一切？那将很可怕。我们做过太多的事情！我们的大脑使某些信息变得容易回想起来，并使另一些信息变得模糊不清，这样才能为其他更有意义的信息保留空间。因此，自动化的行为带来的更多是好处——留着空间去记住那些比把钥匙放在什么地方更重要的信息。如果我们经常忘记把钥匙放在哪儿了，不妨利用一些外部辅助工具，比如，空口袋——总是把钥匙放在同一个地方。

我们能否改善记忆力

通过训练可以改善记忆力，但只局限在被训练的那个领域里。如果训练的是记忆文字的能力，我们并不会更容易找到钥匙，但是在记忆文字方面却越来越有效率。我们可以训练注意力，但是记忆名字的能力并不会因此增强。通过练习能够改善一些能力，但关键还在于是否能够把得到的益处应用于实际生活中。如果利用练习来开发视觉能力，却不尝试把它应用到生活中，则没有任何意义。练习应该是快乐的并且符合自己的兴趣，否则效果将会是有限的，甚至造成焦虑。这意味着，最好的激励是在日常生活中开展各种活动，阅读、与朋友聚会、旅游等。良好的生活保健也同样是不可忽视的，失眠、劳累过度、焦虑都是影响注意力的消极因素。

□ 如何训练我们的记忆

在这本书中，你将发现一系列趣味练习，这些练习不是让我们学习如何选择正确的答案，而是帮助我们学习解决问题的技巧。如果涉及记忆数字的练习，重要的不是找到正确的答案，而是掌握应该应用的方法。这样，在今后的生活中再遇到数字问题的时候，我们就知道该使用哪种方法了。要记住，生活中所有要求我们集中注意力的情形都对记忆有帮助。

最初几年的记忆

我们造就了自己的记忆，正如它造就了我们。幼儿时期，是发展大脑和构筑精神心理的时期，也是最具活性的阶段。在生命的最初阶段，记忆已经拥有了可供一生铸造的雏形。

从出生前开始

胎儿有着丰富的印象和感觉，并且对母亲在怀孕过程中的感情非常敏感。胎儿记忆的形成和发展是一个复杂的过程，涉及基因、神经内分泌腺（作用于神经系统的激素）、生物化学和感情因素，并以间接的方式通过胎盘和母体承受着外部环境的强烈影响。

□ 胎儿感知什么

胎儿能感知许多的事：母亲有节奏的脉动、摄入的某些食物的味道、由于姿势不好而引起的肌肉收缩，以及在出生后所能够辨别的音乐和声音。当新生儿听到一段在母腹中的最后6个星期反复听过多次的儿歌时，会更用力地吮吸塑料奶嘴。我们也观察到了类似的反应，当新生儿听到母亲的声音时，能将其与其他女人的声音分辨开来。在有多种味道可供选择时，新生儿会更偏爱母亲在怀孕时经常吃的食物的味道。因而，婴儿很早就能记得使自己感到舒服和兴奋的东西，以及使他们感觉良好或觉得不舒服的事情。

□ 早期沟通

在怀孕期间，对即将出生的胎儿来说非常重要的一点是，把他放在关照的中心——腹部按摩有助于孕妇的舒适和父母与孩子之间的早期沟通。在触觉接触中，胎儿在母腹中将以积极的方式移向这些快乐的源头。这些印象随后会变成感觉，并形成记忆草图，胎儿会因此牢记这些生命与交流乐趣的“初体验”。这些初体验将会让孩子一生都保持乐观的心态，在遇到困难时屹立不倒。

出生是一个真正的“生态搬迁”。为此，母亲在生育孩子时应该有亲属和医生的支持，让孩子在绝对安全之中来到这个世界。这样，父母与孩子的情感联系将被延续，并且这种信赖关系先于其他任何情形被孩子记住了。

大脑的逐渐发展

从刚出生到 2 岁之间，人的大脑会增加大约 4 倍，最后在 20 岁左右达到 1 400 克。大脑的发育对应着成熟现象和神经元之间连接的发展，一些神经元环路消失了，而另一些则被重新塑造并发展起来。大脑的“连线”逐渐实现，特别是在最初的两年间。每个神经元与其相邻的神经元之间，突触可多达 1 万个，而非相邻的总连接数则可达到千万亿个！同时，伴随着神经元环路的成熟，会逐渐形成一层保护层——髓磷脂，它将易化神经冲动的流通。

□“大脑的可塑性”

神经元环路形成一个令人吃惊的复杂网络，它是所有学习活动的基础结构。为了描绘神经元适应新情况和学习新信息所具有的生物能力，神经学家称其为“大脑的可塑性”。

□ 记忆发展的 3 个阶段

从记忆形成的角度来看，我们可以把从受孕到孩子 6 岁之间，划分为 3 个阶段。事实上，记忆始于“母亲的怀抱”，即整个怀孕期间。孩子出生后，从学会走路直到 3 岁，经过“创造世界”的阶段到充满发现的时期，再到在“重新创造”的精神状态下学习的时期。然后随着生命的推移，通过回忆与生活经验相结合继续“再创造”。对于孩子来说，从真实到想象是个无尽的过程，是通往现实的必要认知过程。

从出生到学会走路

在这个阶段，给予孩子适度的尊重有助于他们饮食、睡眠和所有重要神经功能的调整。先天性差异、美好的回忆就是这样建立起来的：关注并给予适当的自由。

动作和感知的重复，以及在规律之中逐渐出现的突发变化，是在快乐的环境中成功地组织良好的记忆的基础。声音和动作相互交织产生的安全感与父母之爱给予的安宁，有利于孩子大胆地去发现周围的世界。

□ 儿童记忆缺失

从记忆的层面如何解释“儿童记忆缺失”现象，也就是说，一般成人无法回忆起在 2—5 岁的生活情景。是否应该借用下弗洛伊德为幸福而遗忘的抑制论？还是应该立足于情景记忆的环路解剖提出的在生物成熟方面存在自然缺陷？我们知道，情景记忆是要到一定的年龄才开始逐渐发展起来的，并且可能与语言能力有关。

然而，成年人无法回忆起幼儿时期的生活情景，或者这种记忆非常罕有，并不意味着幼儿缺乏全部记忆能力，他们完全能够在短时期内回忆起某些信息。

身体健康的孩子，会非常自然地对吸引他们注意力的新情况和物体产生兴趣和偏好，在成功地实现一个目标后，他们会带着更大的乐趣去迎接一个新的挑战。但是如果周围没有有趣的“另一个”挑战，也就不会有他们天真幼稚的絮语和在快乐中的动力，以及感觉的觉醒了。

“第二个童年”直到3岁

孩子越多地在父母的爱和关注下安全地发现外部世界，就越能够找到其中的意义，并且记住这些发现，而这也更能刺激他们的好奇心和探索的欲望。

父母的激励不应该仅局限于孩子的实际亲身体验，还应该发展其抽象的思考能力。情感记忆和重复记忆可以帮助并刺激孩子智力发展，然而重复消极的信息和超负荷记忆会使他们失去前进的勇气，从而产生阻碍作用。我们知道，乐观的人更容易记住那些幸福快乐的往事，而悲观的人更趋向于回忆那些令他们痛苦的事情。

在游戏、模仿、发明中提升创造力和想象力；发现性别的不同，并度过具有恋母情结特征的时期；因弟弟或妹妹的出生而引发的嫉妒；在幼儿园开始最初的学习……我们不知道如何衡量孩童时期记忆的强度和情感的力量，但可以确定的是，这些记忆会影响到他们以后生活的方方面面。与此同时，在生命的这一时期，大脑通过突触的发展与稳定实现了一次巨大的生物性跳跃。

3 岁到 6 岁的“重新创造”

可以说人类心理的建构是一个不断返工修改的巨大工程。唯有人类的大脑才可以协调重复与改变的需求，同时稳定被自我延续的主观感觉，并保持一定的创造性去适应各种境况和不可避免的现代科技进步。

我们来举个例子，为了帮助孩子克服对夜晚和黑暗的恐惧，以及从清醒向睡眠过渡，父母经常给他们读故事，这时阅读忠实于原文的断句和语气是很重要的。这个习惯能安抚孩子，让他们很快就能毫不费力地灵活支配电脑鼠标，甚至能开心地做到在播放广告时转换频道和熟记发出特殊信号的音乐。

一个 5 岁的孩子就能带着自责连续不断地进行记忆修整，以检验自己对世界和存在物的假设，扩大并增进自我想象与现实的联系。但这种行为最初是从象形符号里剥离出来的，孩子的推理方式是以自我为中心的，是其想象的产物。

因此，孩子的“证词”可能会有些靠不住。事实上，很难使他们将真实存在从想象的部分中分离出来。例如，他们把父母叫醒，“因为在他们的床底下藏着个人”，并且他们对此非常确信。个人强烈的情感也会困扰他们，并可能扭曲记忆。

一生的记忆

在童年这个非常特殊的阶段以后呢？一生当中，只要我们注意保持兴趣爱好、保持良好的家庭与社会生活，大脑可塑性与精神灵活性就会持续活跃。如果说“老人是退化后的小孩”（引自心理医生卡特琳娜·杜勒托），那么儿时记忆中的生活乐趣、信任与安全感就为整个人生埋下了种子，尤其保证了成人后的生活质量。

在学校的记忆

在学校里，我们要完成多种学习目标，要解决多项议程，这常常都需要与自己的时间竞赛。首先，有一些是你希望学到的知识，因为你对它们感到好奇，并且认为学习这个科目很有意义。其次，有一些是你的老师希望传授给你的课程。再者，有一些是社会体制要求你掌握的知识，还有一些是父母期望你学习的课程。另外，一个学生必须知道自己将会被测试哪方面的知识或技能。一些测试是衡量知识水平的，另外一些测试很可能是检测技能水平的。有些课程可能会让你进行个案分析，其他的课程则需要你知道一些公式。有的测验可以使你提高即兴思考的能力和提升创造力，有的测试则可以指导你学习的方向。无论这些课程目标和检测方法多么不同——无论是一篇短文考试、多项选择、数学等式、口语表达，还是个案研究，它们在有些方面是相同的，即每一种考察方法都需要知识，而这些知识的学习都需要依靠你的记忆力。

研究人员根据在教学实验上的发现提出，在学校的学习归因于记忆的感觉本性。比如，有的学生采用“照片式”视觉记忆获得知识，有的则通过听觉记忆用心强记。一个多世纪的研究表明，记忆方法种类繁多，并且非常复杂。

“照片式”记忆：一个虚构的神话

科学研究表明感官记忆的确存在，但是它们是短期的，视觉记忆大约为1/4秒。另外由于生理特殊性，我们的眼睛只能保证在一个极小的角度内有较高的视觉敏锐度：2°~4°，即一个由4—5个字母组成的单词大小。也就是说，我们不可能对一页书“拍照片”。

感官记忆也适用于记忆其他的信息，语义的、图像的。比如说，图像记忆就是借助事物形象（物体、动物或植物）来存储信息的。这种记忆能够以持久的方式存储复杂的信息。美国科学家曾做了一个实验，对于2500张照片，被测试者在一个星期后重新观看的时候，仍能够辨认出其中的90%。但这种记忆并不是所谓的“照片式”记忆。当我们“真的确信”似乎在脑海中看到了课本中的一页时，实际上这并不是一个准确的表述，因为我们看到的只是视觉组合图像，而且我们无法指出一个确定的单词在“这一页”中的准确位置。

□ 听觉记忆是最有效的吗

当比较在短时间内记忆一列字母或单词的能力时，我们会发现听一段文字比我们自己阅读同样的文字要记得更好。但是，一旦这个测试被延迟10多秒钟，听觉记忆相对视觉记忆的优势（大约20%）就消失了，听和读的效果就相同了。无论是视觉的，还是听觉的，事实上，信息很快就融合在一个更高级的符号编码——短期记忆中了。

从短期记忆到专业记忆

短期记忆，又称作运作记忆，这种记忆好比电脑的记忆，能够暂时记住来自一个永久记忆介质（如硬盘）的信息，或者以键盘、扫描仪等形式输入的信息，并将它们汇聚在一起或者分别进行不同的处理。一些研究人员甚至估计，短期记忆是一切逻辑推理的基础。但这种记忆的容量非常有限，大约一次7个元素，也就是说我们在脑海中一次只能够保存有限数量的信息。由于这种记忆很快就超负荷，对信息只能记住几秒钟，因此对那些重要信息有必要重复记忆。

□ 计划的好处

非常幸运的是，短期记忆与不同的专业记忆是联系在一起的，词汇记忆使单词以声音和图画的形式被储存起来，语义记忆保存着经过分类的概念以及图像。这些专业记忆在运作时，短期记忆将参与信息的分组。如在学习乌鸦、金丝雀、鹰、喜鹊这些词时，它们将与已经出现在语义记忆中的“鸟”类联系起来，这样通过类属法我们将更容易记住这几个词。这种有效的学习机制正是基于对信息的有效组织。这也是通过概要、阅读笔记或其他形式将所要学习的内容结构化，从而能够更高效地掌握和记忆知识的原因。

课堂上阅读第一

技术的进步并不总是能够带来更有良效的新教学工具，有时候还是需要使用一些老方法，而非不加分辨地将其取代。更好的解决办法是把新的和旧的方法联系在一起，各取所长。这是一个由心理学家阿兰·里约希为首的法国研究小组对100多名学生研究后得出的结论，实验的目的是比较不同学习方法的效率。

□ 不同学习方法的实验

语言和图像（不可与听觉与视觉混淆起来）构成了不同的

记忆方式。事实上，一方面我们能够分辨出 3 种信息类型——语言、语言和图像、只有图像；另一方面，我们也具有 3 种信息记忆方式——视觉的、听觉的和视听的（结合了前两种方式）。这就有了 7 种可能的组合：视觉上，简单的阅读材料、课本或无声电视纪录片；听觉上，口授课或有声电视纪录片；视听上，借助图像进行的口授课或带字幕的电视纪录片。在这个实验中，被测试者观看的电视纪录片是关于不同主题的，比如，阿基米德或人类的听觉感知。

当用图像表现一个熟悉的主题时很有教学价值，阅读材料或参看课本也有助于获得好的效果，而“无声”电视纪片则没有太高的价值。如何解释这种区别？

正如其他研究表明的，图像只有以语言的形式记录在大脑中才是有效的记忆方式，即心理学家通常所说的“双重编码”（这一术语最早由加拿大心理学家艾伦·拜维奥提出）。事实上，“双重编码”的前提条件是阅读或者利用教科书，通过调节学习节奏来掌握某些术语或专有名词。而与阅读不同，电视观众既不能调节图像的速度，也不能进行退后操作。

因此，为了提高教学效率，应该在图像中伴随字幕，更好的是让学生自己控制学习的节奏，比如，用电脑代替电视。

回忆的线索

任何学习都是为了能够在今后重组所获得的信息。然而，长期记忆中的大部分信息都不能存留在短期记忆里。因此，我们可以利用一些线索。例如，让一组人学习 20 个词，在回忆的时候提供类属（比如，“鸟”“鱼”“作家”）将有助于最大数量的重组出所学过的词。这样的线索在不同形态下都有效，在教学方面，线索常以关键词或提示图的形式出现。

存在这样一个特殊情况，线索即词汇或图像本身，也就是所谓的重新辨认。重新辨认的成功率是惊人的，被测试者能够准确辨认出所学信息的70%~90%。在教育学上的应用表现为多项选择调查表，被测试者被要求从几个备选答案中选出正确的答案。

图表胜于冗长的讲述

图表是学习和重组复杂信息的一种极好的方法。它的优点在于，能在表述的同时进行组织。图表的形式非常广泛，有曲线图、流程图等，其中最为常见的是地图。

阿兰·里约希研究组做过一个实验，让一群学生分 3 场次学习一段 10 分钟的电视资料片。该资料片节选自尼古拉·于洛的纪录片《尼罗河源头的秘密》，内容是关于尼罗河的水域系统。在影片最后，只向被测试者中的一半人展示了一个描绘尼罗河水域系统的图示。之后，所有的人都参加了一个测试，用来证实学生掌握的知识分 3 个级别，从资料片的主题（级别 1）到水域变化的细节（级别 3）。结果，那些看了尼罗河水域系统图示的学生取得了最好的成绩，他们在一开始就成功地抓住了大主题，而那些没有看图示的学生都是逐步抓住主题的。

专业领域的记忆

对于研究记忆功能的科学工作者来说，记忆是通过几个“次系统”表现出来的，他们设计出不同的实验来测试这些“次系统”。为了明晰在专业领域中起作用的记忆机制，我们首先需要改变观察角度。

玛丽，演员和导演（58岁）

当演员的时候，我从来不提前学习一段文字。我把剧本拿在手里，试图在脑海中勾勒出人物的举止和个性。就这样，剧本变成了一个逻辑空间，处于动作、感觉、情绪的连续性里，在熟悉这个逻辑空间后，我甚至不需要再学习剧本了：它就在那儿，正如一个显而易见的事实，这是一种情感记忆。

当然，当我有唱独角戏的任务时，就必须像在学校一样“用心”强记，但这也是在人物的塑造工作完成之后进行的。而在最后一次表演结束后的第二天，我就忘记了所有的文字。这是脱离人物角色的一种方法！

现在，作为导演，我的记忆原则则完全不一样了。我无法记住文本，只能通过想象在空间中建立视觉坐标。我为演员创造动作，然后自己就忘了，但我总会自发地观察事物是否准确地运行着。我记住所有拍摄场景中需要加入灯光、声音的不同时刻，这完全是视觉记忆，同样也是情感的。因为，如果在某个时刻，灯光不像大家期待的那样亮起来就不能产生“共鸣”。

自从我成为导演后，我的日常记忆就不如做演员时那么好了。我认为记忆不会自我维护，我们实践得越多才会记得越好。我唯一从来都没有成功记住的东西就是数字。

□ 专家们的分析

和玛丽一样，大部分的演员都承认自己不是靠死记硬背来记住角色的。他们更多的是融入所要诠释的人物中，理解并且重组人物的动机和性格。一旦他们把握住人物的感觉，就将更容易记住台词。美国心理学家海尔格·诺艾斯在仔细研究演员的记忆后提出，演员不是记忆的专家，而是分析的专家。

通常，掌握一段较长的独白要求演员花一定的时间用心背诵。 但当涉及经典戏剧的三段式诗文时，语句的韵律和对称配上适当的旋律后，记忆会变得更容易。然而，演员的记忆并不是始终可靠的，他们也有可怕的“记忆空洞”。

玛丽的例子中最有趣的是关于记忆方式过渡的那段描述，即从口语性质的记忆到图像和视觉记忆的过渡。在她当演员的那段时间里口语性质的记忆占主导地位，自从她开始从事导演工作，图像记忆则与演员在布景中的走位有关，于是口语性质的记忆让位给图像记忆。视觉记忆引出了地点和图像记忆法，这是一种需要想象一个虚拟空间的记忆方法。

丹尼尔，儿童神经科医生（45 岁）

我每个星期大约要接待 25 个病人，一些病人一个星期定期来几次，另一些病人一个月来一次。我在询问病人的时候会详细地做笔记，特别是第一次问诊时。我经常在会诊前重新阅读笔记，这样每个孩子的面孔和经历会在我的脑海中变得很清晰。我极少会忘记与病人相关的逸事，如果发生了这类事，就意味着我应该在克服遗忘上下功夫了。

相反，如果要去购物，我通常是先写一张详细的购物清单。否则，我总是会忘记买某样东西。我真的有一种把那些要强制性记住的东西遗忘的倾向。

□ 学会组织信息

一个全科医生平均每天要接待30多个病人，丹尼尔的情况却很不同，她幸运得多，每个星期只有25个病人，因为精神病会诊的时间很长。在会诊期间，她能记住诸多细节可能归因于病人每个星期都来多次。另外，丹尼尔经常做笔记并复习，特别是对新病人。最初高强度地学习，之后有规律地复习，加上良好地组织信息，所有这些因素都有助于高效率记忆。最后，在遗忘的情况下，她会随时准备尽更大的努力。

□ 直指问题的关键

对医生记忆的研究有时候会得出表面上矛盾的结论。有一个实验，其目的是研究资历更高的医生是否能更好地记住与诊断相关的信息。然而实验结果却显示，具有中等水平的医生远比他们的新同行记住更多的信息，也比那些经验更丰富的医生记的更多。事实上，经验更丰富的医生似乎直指问题的关键，而较少地注意对诊断不太有用的细节。

雷纳，咖啡店业主（57岁）

大部分时间，我在脑海里记住所有的东西，并逐一满足顾客的要求。当然，偶尔我也会弄错，端来一杯牛奶咖啡而不是浓咖啡，但我有机会重来一次。我总是和顾客交谈，我们互相开玩笑，大家都很放松……我每天都尽量让自己开心。

当顾客很多的时候，我很幸运能够自觉地依赖于一个习惯。这时，我什么也看不见，把精神完全集中在声音和所发生的一切之上。当我频繁地来到柜台前时，我也有过忘了应该拿什么的经历。但是，冥冥中我听到一个声音对我说道：“雷纳，你忘了那个……”

我有很多常客，我完全知道他们点的是什么，但是我总是重新询问他们。他们有权利改变！其中，一些人来只是为了聊天，来找些气氛，还有一些人来这儿工作。这间咖啡厅里招来了许多从事不同职业的人。

□ 外界干扰和记忆饱和

为了记住每位顾客的要求，雷纳利用了专家们所称的“运作记忆”，就是说，在一段极短的时间内把信息保存在大脑中。然而，这种短期记忆对各种形式的干扰都非常敏感。如果雷纳在听完一个顾客的要求后，和另一个顾客说话，他就可能会弄错前一位顾客想要的东西。虽然，有时候雷纳可以求助于常客的偏爱和习惯，但当他面对新需求的时候，就有可能出现记忆饱和。因此，为了缓和记忆冲突，有时候他会让顾客用笔写下自己的需求，并且偶尔依赖一个盲人顾客来提醒他……

咖啡店或者餐厅的服务员，几乎都表现出出色的记忆技能。另外，前者很少写下顾客要求的饮品。当饮品的数量不超过5—6个时，将在短时间内被保存在运作记忆中。尽管如此，也要当心外界的干扰，在用餐高峰期来自不同餐桌的干扰会妨碍记忆。

□ 为牢记而分类

为了记住所有顾客的需求，服务员常借助一些记忆技巧。例如，根据饮品的特征将其分类，顾客分别要的是3种无酒精的、2种含少量酒精的和1种高酒精含量的饮料。根据使用杯子的类型分类（形状、大小）也能够帮助服务员：将所有的杯子摆放在柜架上，一个接一个地倒入相应的饮品。

虽然餐厅服务员几乎都写下顾客的点菜需求，但是他们还要记住同一桌的每位顾客点过的菜，以此作为别的顾客的参照。他们一般会按顺时针的顺序询问并记下每一位顾客的要求，这种方法一般都能成功，除非上餐时顾客换了位置。

□ 分类的高手

美国心理学家K·安德斯·埃里克森研究了一个叫J.C.的人，他能完整地复述出20个菜单。而当埃里克森要求学生完成同样的任务时，他们却只能记住几个菜单。J.C.是怎么做到的呢？他首先将菜单重新分组，前餐、肉类、沙拉、甜品等，之后再进行记忆。这确实是一个高效记忆大量数据的好方法，他甚至可以达到对600种不同食物的记忆。

瑞哈，集邮家（61岁）

我从10岁左右开始集邮。我母亲曾是邮电总局的接待员，她从我姐姐出生时就开始集邮。她总是定期购买4张相同的邮票，一张留给自己，另外3张给我们。她把邮票放在集邮册里，每个星期天下午，给我们讲述邮票上的著名人物、徽章和建筑物的故事。我对此非常感兴趣。

我最早收到的几张邮票中，有一张印着贝当的肖像，给我留下了最为深刻的印象。那是一张棕色的大邮票，大约宽4厘米，长5厘米，虽然它已失去邮资功能，但上面印有贝当在法国战后的肖像。

今天，我拥有数千张法国邮票和众多的信封，所有这些都完整地保存在我的记忆中。如果不是因为特殊原因，我从来都不会买两张相同的邮票。

我觉得集邮是一种极好的文化活动，能丰富知识。比如，我把现在对昆虫感兴趣，我就找那些所有表现昆虫的邮票。我总是寻找新的种类来丰富自己的收藏。

□ 受局限的记忆力

瑞哈在一个极为有限的领域发展了百科全书式的记忆，我们在所有的收藏家身上都能找到这种记忆能力。钱币学家或者葡萄酒工艺学家，在他们的专业领域无意识记忆的效率通常等同于有意识记忆。另外，他们能更快地学习和重组信息。

收藏家能快速做到对藏品的最佳分类，他们会频繁地浏览自己的藏品，并且对新的藏品有极高的发现动机。因此，在其专业领域他们能极好地组织记忆，达到常人所不能达到的高度。

吕西安，出租车司机（56 岁）

14 年前我想成为一名出租车司机时，需要在驾驶学校全日制学习 3 个月与这个职业相关的安全规则，还要记住 50 多条理论目的地，特别是巴黎警察局规定的典型路线。

为了帮助记忆，我每个周末都开车出去考察这些路线。考试的那天，我们抽签选择其中的两条路线，被要求背出来并写在纸上。

还有一个测试是需要在一张巴黎市区的空白地图上填上各条路的名称。我自己制作了一张同样的地图，反复练习了十几次。我设想了所有可能出现的类型，并且都用心把它们背了下来。因为我每天都不停练习，对巴黎的定位从而成了一种习惯。

□ 自我练习的兴趣

吕西安表现出其职业所需的双重记忆能力，借助口头记忆他掌握了交通规则，依靠视觉—空间记忆他记住了各条路线。另外，他非常明白常规练习的好处。随着时间的推移，他对路线越来越熟悉，在开车的时候他还能听乘客说话……

□ 一个容量更大的大脑

为了取得全伦敦的出租车营业执照，出租车司机必须要记住 25000 多条路线和一些餐厅、大使馆、医院等的所在位置。这至少需要两年的时间准备，顺利通过笔试部分才有资格参加口试，幸运者将在正确回答 10 个问题后通过测试。因此，伦敦的出租车司机都是导航专家。由神经学家埃莉诺·玛格赫领导的研究小组研究了他们的大脑：他们的右海马体比非职业司机要发达得多。

没有人的记忆是完美的

某一领域的专业知识会随着实践的增加而逐渐增多，直到达到百科全书的程度。随着这个过程的推进，学习和回忆都变得越来越容易和迅速。

尽管如此，专业领域的记忆也会衰退。就像前面所说的，当记忆负担过重时，咖啡店的业主雷纳有时候也会混淆或者忘记顾客的要求。而当涉及专业之外的领域时，他们也不再具有任何优势：玛丽很难记住数字，丹尼尔需要为购物列一个清单。同样，虽然吕西安和瑞哈发展了百科全书式的记忆，但是只能在特定的职业领域起作用，并且要经常实践和持续复习。

男性与女性的记忆

关于男性与女性智力不同的学术争论和社会争论一样，都提出了两个问题：有什么不同？是教育、社会、历史原因使然，还是该从解剖学、遗传学、两性的生物特性学考虑？

男性知道他们要去哪儿，女性知道她们在哪儿

“女人没有数学天分”“男人不会预知并且组织能力很差”……为了深入认识这类问题，心理学家和神经学家不断进行实验，以下是得出的几项结论：

当要求男性和女性描述自己的过去时，女性的叙述更为详细和连贯，并且充满感情。在一对夫妇中，一般女性保存着更多共同生活的记忆并且更能记住事件的细节和发生时间。对童年生活的最早记忆，女性比男性平均要早6个月。

当要求记住一篇短文或者一列字词时，通常女性表现得更好。在被问及几年前读过的一本小说的内容时，男性和女性却有着相似的结果。女性总是更好地记住旧同学的名字和面孔，但是无论男性还是女性都更容易地记住与自己同性别的同学。男性通常保持良好的代数知识，并且能借助几何特征（形状、方向等）更快地掌握一条路线；女性则更多地借助口头标志来确定方向：“在面包店前向右拐，然后在邮局前向左拐……”

因此，对于一些记忆方式，两性中的一方似乎真的存在优势。

性别不同大脑也不同吗

男性和女性的大脑几乎没有差别，其主要不同在微观层面。男性语言的要素似乎更多地表现在大脑的左半球，而女性在处理语言时则更多地同时利用两个脑半球。这大概可以解释在对字词或者文章的记忆测试中，女性更具有竞争力的原因。

与激素有关吗

某些激素（睾酮、雌性激素、黄体酮）在性别发展以及与生殖相关的生物过程中扮演着关键的角色。它们在血液中的浓度，女性与男性有所不同，甚至同性之间以及同一个人在不同的阶段也不同。为了明确激素的浓度与认知和智力之间的关系，科学家进行了许多实验。睾酮（雄性激素，或者男性激素）在男性出生前和刚出生后以及青春期的分泌量非常大，这种激素对数学和空间能力起着重要作用。用类似的方法我们发现，女性月经期间雌性激素浓度的变化影响着不同领域中的各种能力，如语言的自如、口头记忆和手的灵敏度。在更年期以及更年期之后，记忆能力降低大概源于这一时期的激素变化，激素的替代物治疗能够部分地减轻这种症状。

与教育有关吗

记忆能力也受教育、社会、文化等因素的影响。教育有可能促成某些“男性的”或者“女性的”行为。比如，某些玩具是用来刺激男孩子的，开发他们的生理世界和认知能力；而另一些玩具则是用来促使女孩子去发现和认识社会的。这样，不同的教育方式出现的动机与频率常常会导致两性之间差异的产生，或直接构成差异。

强烈刺激会留下深刻记忆

外界信息通过感观使人产生记忆

人的记忆是由外界输入到人脑当中的信息构成的。感官只是单纯的途径，光线、震动、气味等物理刺激通过感官之后只会形成神经冲动，这些神经冲动需要在大脑当中进行解释和分析之后才会让我们真正感觉到我们生存的这个世界中的各种形状、颜色、声音和感情等。

□ 感观信息通过人的神经系统进入大脑

感觉信息进入到大脑中，会在大脑深处进行分析，然后这些信息之间会建立一定的联系，再与其他的信息相比较，最后才会形成记忆。我们的感官并不是什么信息都会接受，基本上都是我们注意到的信息或者是和我们有关系的信息，这也是我们现在还能正常生活的原因。如果我们的感官什么样的信息都接受，那我们的大脑早晚都会被环绕在我们周围的各种图像、气味、声音和其他感觉塞满。

□ 外界信息形成的记忆因人而异

虽然人的各种感官都是相同的，但是因为人与人之间有很多地方都是不同的，各种感官信息在进入到不同人的大脑之后，会被人们涂上各种不同的色彩，这使得很多人对于同一个事件往往会有不同的解释方法。

通过人的感官进入到人的大脑当中的信息，不一定都会形成记忆，即便是形成记忆也不一定是深刻的记忆，这是因为大脑需要对感官信息进行过滤，选择最需要的信息进行记忆，至于一些无意义的信息则会被排除。或许我们不一定能够判断出哪些感官信息最终会形成记忆，但是一般来说，感官经过强烈的刺激之后所储存在大脑当中的信息，一定会形成记忆。比如说我们的身体某个部位受了很严重的外伤，这就是我们切身感受到的信息，而且会对我们造成很大的刺激，那这件事我们可能一辈子都忘不了。就像很多人都能知道自己身上留下的疤痕是由什么原因造成的，即使已经过去了很多年。

□ 大型的事件会使人留下深刻的记忆

很多大型的事件，即使已经过去了很长时间，却依然能给人们留下深刻的印象，比如说，奥运会开幕、载人航天飞船上天、火山爆发和地震等，现在想了解这些事件发生的时间等信息，可能随便问一个人都能得到正确答案。相信大部分人的身上都发生过这样的现象，这种现象叫作闪光灯泡记忆，也叫闪光灯效应，是指人们对震撼事件留下深刻记忆的现象。

人的大脑皮层由旧皮层和新皮层组成，旧皮层需要担负维持生命不可或缺的机能的作用，比如说，睡眠，而新皮层则要担负着一些意识活动，比如，理性思考等。闪光灯效应的发生是因为有些信息突破了新皮层，到达了旧皮层，与睡眠等人的生命本能连接在一起，也成为一种人的本能，因此在一般以及消失之后，这些记忆仍然能留在人的大脑当中。

由于闪光灯记忆能长久保留，因此在现实生活中，一旦有需要我们长期记忆的信息，我们就可以把这些信息和一些震撼人的事件联系起来，这样一些重要的信息我们就能够长期记忆。

广告，记忆的实验室

5个电视观众中只有1个宣称会观看广告时段，其他人确定自己会更换频道或者离开去洗手间、下楼扔垃圾、洗碗等。因此，毫无疑问，广告应该具有吸引力，使受众能够不费吹灰之力就记住。

用尽方法来吸引注意力

如果广告信息首先留下令人困惑的感觉呢？很好！因为，需要推理才能弄明白的信息能够调动已经储存在大脑中的相关信息。并且，一条广告的图像、声音和场景越丰富，受众将越容易记住。在电视或者电影院里播放的广告片可以调动所有的记忆方式，而在杂志的广告页、街道上的海报或者收音机播放的广告，只是局限于视觉或者听觉中的一个方面。

好广告的另一个标志——震撼感情，因为触动我们感情层面的东西能被记得更牢。无论是令人愉快的，还是触目惊心的，功效都一样，只要是激烈的。如果广告制作者能够让受众吃惊，那么他们就十分清楚强化受众记忆的价值所在。

甚至不为受众所知

为了达到预期效果，广告制作者还利用了诱饵效应。事实上，我们在不为自己所知的情况下，记住了大量能够决定我们行为的广告信息。例如，在一个关于奶酪的广告中，反复出现一头微笑着的母牛。几天后，当我们在超级市场徘徊的时候，通常会在十几种奶酪中选择带有这个商标的。每一次当我们看到这个商标或者类似的图像时，我们的记忆将以完全潜意识的方式被激活，广告信息由此在记忆中被加强。

信息的传播

制作好的广告如果不是以恰当的形式和节奏传播，也不会产生好的效果。因此，还应确定广告信息应以怎样的节奏（城市里分发的传单、杂志中重复出现的插页或广告灯箱的聚光灯）反复出现。

但是，因为大部分的广告制作人都认识到这点，成功并不总是能保证的。当相似的几个广告靠得太近时，它们的内容（图像或者声音）或者采用的形式（使用广告牌、杂志插页，或通过收音机、电视播放）就极易产生混淆。这时，位置成为关键点，处于最先和最后的广告通常最容易被记住。因此，在电视广告时段最开始和最后放映的广告片价格相对较高。同一个广告总会按一定的“周期”循环出现，因为每一次出现，都会引起对前一次的回忆。

没有人总是成功

然而，神奇的公式并不存在，在广告领域失败的例子并不少见。即使极力宣传，但还是有许多人没记住品牌的名字或者产品的名字。

甚至，确切的广告标志刻在特定人的记忆中，买卖也不一定能做成。为了让买东西变成受众的反射行为，在售卖点产品就必须是容易被接受的、有价值的，而且还要避免受到有现场促销活动或价格更有吸引力的同类产品的影响。因为，最后起决定作用的常常是消费者的银行账户……

退休后的记忆

随着年龄的增长，我们的长期记忆会得到提高（我们可以不厌其烦地述说往事），但是我们的短期记忆就大不如前。记忆就像是肌肉，你不使用它就会失去它。

记忆的年龄

童年是记忆的输入阶段。大脑几乎就像“海绵”一样，不断地吸收：童年生活的经历、家庭生活习惯、社会规则、日常用品的使用方法……随着时间的推移，学习变得越来越复杂，并且需要组织。儿童、青少年和成年人都使用适合自己的方法整理知识，以便更轻松地应用。

而老年人带着曾经强制性的节奏和习惯离开工作的世界，从此，必须去适应生活中心转移到家里的日子，这是一种他们以前只有在假期中才能体验到的生活。现在，他们有更多的空闲时间去从事在从业时进行的一种或几种副业，该是重新捡起曾放弃的娱乐活动或者进行锻炼的时候了。甚至，一些人会开始从事在几年前梦想的一种新的工作或职业。然而，事情并不像我们想象的那样。事实上，一个适应期是必要的，而这个“介于两种生活之间”的阶段，有时候并不容易度过。

什么是随着年龄真正改变的东西

我们慢慢地变老，我们的记忆也跟其他精神的和身体的因素一样，性能在逐渐减弱。不过，只有在患病的情况下，这种趋势才会恶化。其实记忆的退化早在退休之前就开始了！但是这也视个人而不同，不同的精神活动不是以同样的方式和速度演进的。

□ 更频繁地忘却，集中注意力有困难

随着年龄的增长，我们发现很难同时进行几种活动，我们越来越经常“丢失”钥匙或者眼镜。事实是，当思维忙于另一件事时，放置钥匙或眼镜的动作不再被有意识地记住，因此在之后需要它们时无从回想。

另外，对某项活动我们需要付出更多的努力才能保持长时间精神集中，同时我们也不如年轻时学得快。

我们常抱怨想不起某个人的名字。事实上，这是一种任何记忆策略都不那么容易起作用的“低落状态”。众多因素会影响记忆力的演进，一些与个人经历或者社会环境有关，一些则受个人意愿和动机的影响。

□ 衰退的能力

一旦校园时光远去，我们经常忘记在校时学习的知识。我们错误地以为，一篇深奥的文章现在也只需读一两遍就能记住。事实上，我们已经丧失了学习的习惯（组织信息的方式，必不可少的重复，便于记忆的技巧和策略等），从而导致新旧知识之间建立联系的可能性变小了，构建心理图像的能力也减弱了。

一条没被记录好的信息在重组时需要投入更多的努力。相反，一旦信息被良好地巩固在长期记忆中，将不会受任何与年龄相关的因素影响。遗忘曲线对每个人来说都是相同的，无论年龄大小。

事实上，对许多事物的记忆都被很好地保存着，尤其是专业领域的知识，我们所抱怨的遗忘几乎总是那些对我们来说意义不大的事物。

如何保持良好的记忆力

年龄的增长意味着大脑具有的容量越来越少，并且我们更容易疲倦，记忆力也不例外。那么如何保证良好的记忆力呢？

□ 注意生活保健

到了一定的年龄，身体的各种功能通常会变得不太好，而健康问题可能导致记忆障碍。某些药物，特别是安眠药，对记忆会产生直接的负面影响。适当的预防措施和良好的生活习惯，都对守住记忆有利。

不存在能够刺激大脑或者保持高效记忆的“神奇饮食规则”，但均衡的饮食有助于预防心血管疾病、癌症和某些病变，应多吃蔬菜、水果和鱼（特别是那些含有丰富的不饱和脂肪酸的生鱼），饮用适量的葡萄酒（最多一或两杯，并且只在用餐时饮用）。

□ 保持好奇心

额外的不安有时来自某种感觉器官的衰老。当视觉和听觉衰退时，对外界的感知将会变得更困难，而且不再完整，这势必会阻碍记忆。此外，功能的减退还经常伴随着退出社交活动，这样便更残酷地造成记忆功能不能再顺利运转。

事实上，社会或家庭环境的激励、娱乐活动的参与对记忆具有有益的影响。一项记忆测试“在大众中”进行，将会取得更好的成绩，并且如果活动种类越是丰富，产生的效果越好。

我们在年轻时发展的认知资源是年老后“主要”可以依赖的，充满活力、保持好奇心和警觉，对维护智力与记忆都非常重要。

我们感兴趣的是什么

只有在我们不去运用它时记忆力才会衰弱吗？人们常说，当我们变老时，回忆年轻时候的事情要比回忆前个晚上做过什么更加容易。但是这因人而异！增加训练记忆的机会，并不意味着要强制自己去做不符合我们品味、愿望和日常生活的大脑锻炼。然而，日常生活中有着许多需要我们努力记忆的东西，例如银行卡的密码、进入住宅的密码，又或者是完成一项任务的行政程序。那么，为什么不创造些技巧或者策略来训练记忆呢？

当然，除了有用的或者必要的活动之外，还存在其他一些可供我们选择的活动。没有什么比记住那些看似无任何用处的东西更难的了，比如，所有城市的市政府所在地。对一门外语进行学习，却没有居住在使用该语言的国家一些日子的打算，则毫无用处。如果不制定一个计划，并有规律地实践，那么要掌握计算机操作（记录个人经历、编制家族数据库等）几乎是不可能的。同样，在听完一系列讲座或者阅读完一本书后，不去复习或深入研究是不能记住很多东西的。事实上，如果我们对某一个课题感兴趣，就应该深入进去。

换句话说，如果想通过某种活动改善记忆，就应该以不断重复的方式去实践，并且长期坚持。最好是选择一个自己感兴趣的活动，这能给自己带来直接的满足感，并且要为此做好付出必要努力的准备。

剖析记忆

记忆功能的正常运转需要整个神经系统的参与，神经系统负责传递并处理感觉信息。感觉信息影响着我们的情绪、行为（比如，语言）和个性，以及记忆的特殊性。

神经系统

神经系统由周边神经系统和中枢神经系统两部分组成，神经网络遍布全身的各个部分（皮肤、肌肉、关节等），包括所有的器官、腺体和血管。神经系统将外界的信号（视觉的、听觉的等）传递给大脑，使人体以运动的方式反馈回应。例如，大脑将听觉信息解码后，回应的动作才能被组织起来。并不像我们想象的那样，大脑是中枢神经系统的唯一构成物。

大脑，中央组织者

中枢神经系统由脊髓（位于脊柱中）和脑组成。脑被封闭在头骨中，包括小脑、脑干、间脑和大脑。小脑位于大脑的后面，是运动的控制中心。脑干在脊髓的上方，也是一个关键部位，因为它是循环系统、呼吸系统、觉醒和体温的控制中心。

□ 当感觉到达大脑时

脑半球的表面被许多脑回缠绕包裹着，并被几条沟分成5个主要的区域：枕叶、顶叶、颞叶、额叶和岛叶。岛叶隐藏在外侧沟深处，参与调节感觉信息。

枕叶、顶叶和颞叶位于脑半球后部，分别控制一项或几项感觉功能：枕叶负责视觉，顶叶负责触觉，听觉、味觉和嗅觉由颞叶负责。当然，它们之间的连接部分可以交换、比较和修改各自所带的信息。

额叶位于大脑前部，占了整个大脑的40%，是一个专门负责复杂行为的区域，管理着个性、创造力以及精密的认知行为，比如计划、策略、组织、预测等。

每种类型的记忆有其对应的大脑区域负责

根据所涉及的是要记住一条新信息，还是回忆过去的时间、地点或是以往学过的知识、经历的感情，记忆功能所要求和利用的环路是不同的。

□ 短期记忆

短期记忆的每个组成部分都与不同的大脑区域相连，语音圈与大脑左半球的顶叶和额叶区相连，视觉—空间记事区位于大脑后部，中央管理者可能与左脑半球的额叶联系着。

□ 陈述性记忆

对新信息的学习和巩固发生在两个巴贝兹环路里，其中一个位于左脑半球，另一个在右脑半球。这些环路由大脑内部的海马体和扣带回构成，属于大脑的边缘系统。以前，我们以为这些环路与感情环路是一样的，但事实上是扁桃核结构给记忆装载了感情。左脑半球的巴贝兹环路用来记忆由语言带来的信息，比如，阅读或听到的句子；右脑半球的环路用于记忆空间信息，比如，路线和抽象的图像等。两个环路又互相联系在一起，实现紧密的合作。

记忆的重组需要通过不同的环路，因为不同的记忆对应着不同的神经元网络。诱发性问题能提供回忆的线索，从而引导我们通向记忆库并实现记忆的有意识再现。但是，目前科学家还不是很了解这个过程的具体情况，只是知道与实际事件的地点和时间相关的线索保存在额叶中。记忆的再现分两步实现，首先靠额叶与颞叶区域的激活来重建，然后由脑后区保存。左颞—额叶区的损伤会造成整体认知的困难，对应的右边系统的损伤则会造成个人记忆的残缺。

□ 程序性记忆

我们通过反复学习所获得的行动、习惯和技能，构成最基本和最原始的记忆形式。运动习惯的形成归功于3个大脑区域之间的相互联系，它们以间接的方式参与对运动功能的控制：小脑、大脑深处的区域（纹状体和丘脑）和顶—额叶的某些局部。

□ 感情环路

给记忆加上感情色彩能够调整行为适应各种状况。例如，当我们看到蜘蛛时会恐惧、惊叫、逃脱或采取防御行为。这种感情的“着色”通过一个特殊的环路得以实现——扁桃核环路。构成感情环路入口的扁桃核结构与大脑的其他众多区域都相关联，它接受来自所有感觉区域的信息，也与控制本能（比如饥饿、干渴、欲望、愉悦）的海马体联系着。这一结构还与控制自主神经系统的脑干区域相连，调节心脏和肺部功能，以及皮肤的反应，这就解释了为什么恐惧和愉悦总伴随着心跳加速、呼吸加快、过量出汗和皮肤泛红。

对新信息的学习

巴贝兹环路的入口是海马体。信息从海马体出发，通过双乳体和丘脑（这两个大脑区域使得信息得以长时间保存），当经过额叶内层的扣带回时，会与已经存储的其他信息进行比较。扣带回扮演着一个重要的角色，我们越是对一条信息感兴趣就越容易记住。最后，被处理过的信息重新回到海马体被巩固。

巴贝兹环路能为同一事物的不同组成要素编码：视觉的、听觉的、嗅觉的，以及地点和时间，并在其中加入感情特征。神经元网络将所有要素之间的连接轨迹分别储存在不同的大脑区域中，于是记忆被“分散”了。巴贝兹环路不是用于信息的最后储存，也不干涉短期记忆和程序性记忆，所以，海马体或巴贝兹环路的损坏将只会影响到陈述性记忆。

对信息的巩固

可以通过新的学习或者简单的重复来巩固已被储存的信息，例如，为了记住一首诗而反复背诵。在连续重复时巴贝兹环路扮演着重要角色，颞叶会逐渐加强分布在大脑中的不同元素之间的联系。

第二章

记忆的程序与类型

在所有状态下的注意力

你能描绘出一张10元钞票的正面吗？你不记得了，那是因为你从来都没有仔细地看过，然而你却在无数次地使用它。这个例子很好地展示了应该如何记忆：必要的感知、注意力和动机。

有效的感知

在打电话或者对话时，没有听清楚的名字很难被记住；以不正确的方式阅读黑板或者印刷文件上的文字既不利于理解，也不利于记忆。当信息没有被很好地捕捉时，对它的分析就需要付出更大的努力，尤其是当信息不完整时，将很难被保留在长期记忆中。

通常情况下，学习条件本身也妨碍有效的感知（例如噪音干扰）。但是困难也可能源于视觉不佳或者听觉衰退，而又拒绝佩戴眼镜或者助听器。

在必要的时候需要注意力

即使感觉器官正确、完整地接收了信息，一般来说，在被存储前信息还需要被定位和处理（分析、比较等），这就要有点警觉性和注意力了。当然，根据实现目标的不同需要不同程度的注意力。

短期记忆比较容易受注意力的影响。大部分关于日常记忆的抱怨都源自缺乏注意力或者精神不集中，这主要是由于疲劳、压力、过度劳累、焦虑或者抑郁导致。同样，酒精、毒品（印度大麻、迷幻药）和某些药品（安眠药、镇静剂、抗抑郁剂等）也会影响注意力。

自发或被引导的动机

有时候，我们似乎无须努力或者无意识就记住了一些东西，比如，某位名家的作品。而有时候，我们需要付出很多努力才能掌握某种知识，比如，学校开设的一门科目。有时候，会形成一个恶性循环：在同一个起跑点竞争力弱会让人泄气并抑制学习的欲望，即使复习了成绩仍是平平，这又进一步造成自信心的缺乏，从而使得摆在面前的任务变得更难以完成。

当缺乏自发的动机时，就必须求助于被引导的动机，以达到原本不太感兴趣的目标，比如，为了从事某种职业或者梦想的事业而通过考试。动机越缺少自发性和对应该学的东西越不感兴趣，巩固记忆的机会就越小。在这种情况下，首先需要有意识地付出努力，包括求助相关辅助工具、确定合适的记忆技巧以及花更多的时间重复。当面对一个新情况而非常规任务时，这些策略就更便于应用。

如果缺乏动机呢？恒心会帮助你。还有，为什么不创造一个新的激情？通常，一个奖励就足以激发我们的动机。

不同等级的注意力

注意力与记忆联系紧密。每一刻我们都收到无数来自外部世界（图像、声音等）和内部世界（欲望、感情、思想等）的信息，我们必须做出选择。为了阅读和理解一段文字，我们必须将对它的注意力与在同一时间感知的其他信息（背景噪音、灯光的改变、一阵风吹来……）分开。然而，这不是集中注意力的唯一方法。

注意力强度或高或低

如果我们必须在一天的每个时刻都保持相同程度的注意力，那么我们很快就会累了。幸运的是，不是所有的活动都要求高度的注意力。因此，我们可以根据强度区分不同的注意力形式。

□ 高强度警告

强烈的饥饿感或者消化不好，又或者宴会第二天起不来，甚至面对同一件事情，我们都应根据具体情况来确定需要投入的注意力。以一天为例，从苏醒状态到睡眠，可以看到一些逐渐、缓慢、非自愿的改变，这是源自生理上的需要。因此，良好的生活习惯能帮助我们集中注意力，并且提高记忆力。

□ 阶段性警告

如果事先被警告，我们将会做出比较快的反应。这就是为什么在向某人抛东西前喊“小心”，或者按喇叭警告其他司机和行人的原因。这样一个警示信号（视觉的、听觉的、触觉的等）会引起一种短暂的注意力，使得其在极短的时间内做出有效反应。而10秒钟后，效果就不明显了，注意力的顶峰处于0.5秒到0.75秒之间。但是警示信号并不总是能够起到积极作用，有时候反而会变成干扰，造成负面效果。比如，一个司机不恰当地按了一下喇叭，警告不成反而惊吓了骑自行车的人，导致行人摔倒。

□ 持续性注意力

上课或者听讲座、玩文字游戏、在高峰期开车……所有这些活动都需要持续性注意力，通常我们用“全神贯注”来形容。注意力障碍源于多种因素。很多情况下我们的注意力赶不上信息到来的节奏，例如，当车开得太快的时候，我们看不到某些指示牌或者障碍物。注意力也可能因为我们缺乏某些必要的能力而降低，例如，当我们用一种掌握得还不是很好的外语进行对话时。也可能是我们无法转移足够的注意力去完成某项活动，例如当我们已连续听了几个讲座后精神疲倦时，我们将很难再继续专注地听完最后一个讲座。注意力衰退也可能在执行一项任务的中途产生，表现为行动速度逐渐变得缓慢，或者大脑出现“空白”，即在几秒钟内没有任何行为反应。

□ 警觉性

对其他一些单调的活动，我们则需要另一种完全不同的注意力。一个钓鱼者应该明白在垂钓时要有耐心，并准备在鱼上钩的那一刻迅速做出反应。保安在面对几个录像屏幕时，需要注意所有特殊事件，以避免危险事故或紧急状况的发生。其实，警觉性首先是为了留意和探测非常规事物，这与持续性注意力截然不同。警觉性的功能障碍表现为判断错误、做出错误警报，或由于疏忽造成行动障碍。

时而分散，时而集中的注意力

注意力不仅在强度上有变化，还表现出极大的灵活性，在集中于一个确定的范围之前，它会首先最大量地捕捉信息。

□ 选择性地投入注意力

研究人员给这种注意力方式起了个绰号叫“鸡尾酒宴会效应”。因为，在社交晚会上，我们能成功避开酒杯的碰撞声和其他人交谈声的干扰。日常生活中还存在很多这类情况，我们能够选择性地投入注意力。在火车站或者机场大厅，我们“滤过”嘈杂的喧闹声，竖起耳朵听广播中的提示；在商业大街，我们“忽视”各种广告信息牌，将目光锁定在一个确定的商品上；欣赏老唱片时，我们可以“略去”破坏快感的细微噪音……

□ 注意力分配

通过分配注意力我们可以同时完成多项任务，如在开车的时候听收音机、在做菜时打电话等。然而，我们可能会突然在一项活动上投入更多的注意力，而减弱对另一项活动的注意力，由此引发错误的行为（因此法律禁止在开车的时候打电话）。通常，同时从事多种活动的能力随着年龄的增长而减弱。年轻人可以一边听喜欢的音乐，一边复习功课；而年长者则会感到背景噪音太大，干扰阅读。

执行性注意力

显而易见，需要一种即刻控制以应对突发状况。例如，当我们阅读报纸或者看电视时，对电话铃声做出反应。执行性注意力就具备这一功能，尤其在运作记忆中，它能为在长期记忆中储存信息做准备。

感情扮演的角色

开学的第一天，结婚的那天，生孩子或者一次意外……只要稍微分析下，就会发现感情在我们的记忆中扮演着重要角色。

为什么我们更容易记住使自己感动的事

当认识到注意力和动机以关键的方式作用于记忆后，我们就会明白为什么感情也可以帮助构筑记忆了。强烈的感情不仅让我们的注意力放弃其他不太重要的信息，还会引发一个程序的开始——在接下来的几小时、几天甚至几个星期内，承载着这种感情的事件将不停地在我们脑海中重现。这期间，我们会自觉地将这件事与以前的事以及未来的计划联系起来，以便精准地确定它的时间和地点。

这就是为什么我们能更好地记住与自己相关的或感动自己的事物的原因。如果事件具有特别的悲剧性，并造成重大的压力感，它甚至能够以入侵的方式固定在记忆中。

□ 感情在大脑中的“位置”

在大脑中我们是否可以给感情确定一个“位置”呢？在一个记忆测试中混合着中性词（桌子、门、椅子等）和富有感情色彩的词（快乐、幸福、疼痛等），后者通常能更好地被记住。通过功能磁共振图像（参见下页框内文字）我们可以观察到，在对后者的记忆过程中同时激活大脑的两个区域：海马体和扁桃核结构。

以自我为中心的记忆

对老年人的“自传性记忆”的研究表明，一生中构筑记忆数量最多的阶段是10—30岁。其实，“记忆构建高峰”与我们在工作和感情生活中做出的大部分有强烈情感特征的选择时间相对应。在很久以后，我们仍然能够想起当时的许多细节和确切的时间，比如，我们是如何遇到现在的配偶的（确切的情景、对方的衣着等）。不同的经历为我们的职业生涯划定了方向，偶然瞥见的通知、在班机上抓住的一次机会等。当然，这些重要的信息也是以我们的动机为前提的。

瞬间记忆

2001年9月11日，世界贸易中心被炸的时候你在做什么？1998年7月12日，世界杯足球赛决赛中法国获胜的时候呢？1997年8月31日，戴安娜王妃去世的时候呢？1969年7月21日，人类第一次踏上月球的时候呢？按年龄来说，无疑你对某些事件还是存在些“瞬间记忆”的。

□ 强烈而清晰的记忆

“瞬间记忆”用来描述那些非常逼真、详细的记忆，就像瞬间拍下的照片，它能引发强烈的个人或集体情感，并持续很久。这种记忆可能涉及一个公共事件，也可能是个人事件——一次意外、一次感情伤害等。在前一种情况下，我们几乎经常回忆起自己是如何获知某一事件的，它是在哪个确切的时间发生的，当时我们正在做什么……

被抑制的记忆

被抑制的记忆

抑制的概念是弗洛伊德提出的精神分析理论的核心。关于灾难的记忆、心理冲突或者负载太多感情的事件，当它们逃离意识，被“储存”在潜意识中时，称为“抑制”。但是，这些被抑制的东西试图以行为缺失、口误或者梦的形式“重回”意识中。在1901年出版的《日常生活的心理疾病》中，弗洛伊德分析了100多个源于他自己和周围人的例子，以表明“遗忘”——忘记人名、地名或者某个字，又或者口误、阅读错误等——不仅是简单的记忆衰退，还是潜意识欲望的表现。

然而，口误和行为缺失具有一些共同之处，都经常涉及人名、地名、时间，或词汇的颠倒，如“好”和“坏”。对于一个问题“你的旅程怎样”，一个患者的回答令自己都感到吃惊“没有比这再好的了”，而实际上他本来想表达相反的意思。精神分析专家经常提到一个“经典的”口误，患者本来希望谈论自己的妻子，但是他说出口的却是“我的母亲”。尽管如此，很显然，每个人都有错用一个词来代替另一个词的经历。

精神分析革命

关于精神心理，弗洛伊德解释道：“一个个体的家园有多个主人。”我们做出错误的行为、口误或做梦时，受抑制的无意识欲望（精神分析学家称之为“本我”）上升成意识（也就是“自我”），从内部监督者（“超我”）的控制中脱离出来。这并非记忆功能障碍或某种精神病症状，遗忘和梦的奇怪产物都是建立在贯穿我们精神生活的复杂原动力基础上的，我们无法控制。

通向无意识的完美途径

如何知道哪些记忆被抑制了，或者哪些潜意识的欲望试图通过某种形式表达出来？弗洛伊德利用催眠术发展了一种精神分析治疗法，这种方法试图对无意识表现进行有意识的解释，尤其是梦，它被称为“通向无意识的完美途径”。在梦中，来源于现实生活的“日间残余”与被抑制的记忆相结合，因为在潜意识中“时间不存在”。

精神分析法是一种复杂的心理治疗过程。患者面对的是有意识和无意识的记忆，精神分析专家提供的是对这些记忆的解释。通过与心理分析专家的交流，有些患者童年时期未解决的矛盾冲突能在意识中重现，并使问题得以解决。

存在于幻觉和假象之间的记忆

心理分析理论甚至走得更远，对它来说，不存在被潜意识、恐惧、感情、欲望改变的记忆。因为，正是它们“冲动地投入”给我们的精神心理活动提供了动力，才使我们能“回到”过去。当精神分析专家试图找回“过去”时，他们会尽力去发现连接记忆的现实心理基础，而非真实的“历史”现实。为了揭示被隐藏的精神心理，心理分析需要进行一个扭曲幻觉的“动态”操作，这种对记忆的寻找使我们意识到，记忆若没有与其相结合的感情就永不存在。

对信息进行选择和分析

注意力、动机、重复……所有这些都很重要，但还不足以提升我们的记忆潜能。因为，记忆不以某种自动的方式，比如照相机或者录音机的方式，照原样储存信息。面对每一刻传来的多种信息，我们的大脑进行选择后只记住了其中的一部分。因此，良好的记忆力依赖大脑强大的组织能力，来消减信息的复杂性和数量，以便进行分析，并与其他信息建立联系。

寻找逻辑关系

每个人都知道，把一个10位数分成一对一对（01-35-79-11-13）比一个一个（0-1-3-5-7-9-0-1-1-1-3）或者作为一个整体（01357901113）来记忆要容易。除了这样简单的组合，有时候在一些数字中还存在一定的数学逻辑关系。例如在01-42-53-64-75这组数中，后4对数具有一个共同的特征：把每组的第一个数字减去2就得到第二个数字（如4-2=2）；它也符合另一个递进规律，每组中的两个数字分别加1则得到下一对中的第一个和第二个数字（例如4+1=5，2+1=3）。

在其他情况下，也需要将信息进行分类。例如，在面对一张购物单时，我们首先根据商店，然后再根据经过商店的顺序——面包店、香料店、邮局——重组所要购买的物品。

建立联系

沙拉——醋和树木——灯，我们更容易记住哪对词？毫无疑问是第一对，因为这两个词之间存在强烈的组合关系。对信息进行组合是思维的主要手段，同样也有助于记忆。

通常组合是自发进行的，尤其适用于记忆反义词或意思互补的词。例如，区分凸和凹这两个字的意思，我们只需要记住其中一个字的意思就够了，因为它们的意思是相反的。以组合的方法，我们还可以尝试记忆电话号码、亲人或朋友的生日，又或者记忆历史日期。

心理成像

为了确认是否锁好了住宅大门，我们有意识地回想在出门前自己正在做什么。在找眼镜时，我们经常在脑海中重现它可能被放置的地方。

心理成像不仅有助于回忆，在学习过程中也扮演着关键角色。借助于这种能力，在手头没有实际图示时，我们可以在脑海中想象一条路线，构思一个曲线图或者图表……由此可以解决许多问题，甚至可能有重大科学发现。阿尔伯特·爱因斯坦说自己曾想象骑着一束光线，并因此对光的速度产生了兴趣。实验显示，当我们构建一幅心理图像让一些词处于某个场景中时，记忆效果比只是简单的重复要好两倍。

在日常生活中，可以通过心理成像记住人名、地名、新词汇，甚至一门外语词汇。为十字或者白色这样的名词构建一幅心理图像非常容易，而其他的词可能要求更多的想象力。与广为流传的观点相反，心理图像并不一定要拥有“奇怪”的特征。

从编码到背景

有效学习涉及两个主要条件：处理信息的深度——“解码”和我们是在何种语境下学习的。

进行有效的编码

对学习内容进行分析有助于记忆。但是应该遵循什么原则来优化这种分析呢？为了回答这个问题，心理学家设计了一些实验来实践不同的编码方式。

□ 形状、声音和语义

当我们在大脑中“操纵”一条信息时，会进行不同类型的分析——书写（CYGNE：是小写还是大写）、发音（enfant：这个词是否与“elephant”具有同一个韵律）或者语义（葡萄：用来酿造葡萄酒）。

心理学家所做的各种实验表明，最后一种处理方式——自问词汇的意思，而非发音或者书写形式——有助于更好地记忆，这一过程经过了一个更为深入的分析。因此，这通常是我们学习时最经常的自发性处理方式。由此可见，在记忆领域也一样，“最好不要只相信表面”。

□ 联系自我进行记忆

如果成功地在信息与自我之间建立联系，很有可能改善我们的记忆能力。为了记住像“过滤器”这样普通的词，可以联想自己曾经弄坏了一个过滤器，另一个借给了邻居，在一个月前我们买了第三个。这一过程叫作“自我参考”，能最大限度地调动我们的精神重心，从而强化词汇在长期记忆中的痕迹。

□ 根据目标调整编码

我们是否必须不惜任何代价地弄清楚一个词的意思，或者将其与我们的个人生活联系在一起？事实上，我们还需要考虑到信息的不同类型。如果需要记住的是一篇散文，最好把注意力集中在它所要表达的意思上。但是，如果要背诵一首诗歌，最好注意诗句的节奏及韵律，这些才是易化记忆的有用线索。至于诗歌的意思，在回忆的时候它将帮助重组诗歌的主题。

不要忽略背景环境

谁没有过这种令人难堪的经历：在路上遇到一个认识的人，但是却怎么也想不起他的名字……直到在“习惯性”的环境中重新见到他的时候才知道，原来他是我们每天去买面包的面包店的售货员，或者是我们常去看的牙医的助手。

事实上，一个信息的所有元素还包括我们记忆时所依靠的背景环境，它们常常在不为我们所知的情况下被记住了，正如一些生理现象（饥饿、口渴、快乐、兴奋、呼吸加快、心跳等），还有一些背景则是我们能识别的，如时间和地点。

□ 潜入水中学习

1975 年，英国心理学家邓肯·戈顿和艾伦·巴德雷做了一个实验，要求一个大学俱乐部的潜水员分成两组学习 40 个词，第一组潜入水中学习，第二组坐在沙滩上学习。然后要求每一组的一部分成员在水中回忆，另一部分成员在沙滩上回忆。结果，第一组在水中回忆的人平均记住 11—12 个词，而在沙滩上回忆的人平均记住 8—9 个词；第二组在沙滩上回忆的人大约能记住 14 个词汇，而在水中回忆的人平均记住 8—9 个词。

也就是说，面对同等的要求，当回忆和学习的背景环境相同时效果更好。通过对饮用酒精或者吸食大麻的人的观测，也证实了这一结论。

□ 记忆的“回归”

“2003 年 8 月到达萨那希时，我想起 2000 年夏季的一些经历。”重新进入我们获得信息的背景，回忆会变得更容易。这种记忆的“回归”可能是自觉的或者是不自觉的。有时候，学习时背景环境的独一性足以使得大量细节重新涌现出来：你住所附近新开的一家意大利餐厅的一份佳肴，就有可能引发出曾经在意大利的一次旅行的回忆。

相反，有时候由于背景环境的改变，我们无法想起一些事：在考试的时候，我们无法想起一些课程细节，而这些我们却在家里复习过了，并且已经很好地掌握了。

为了解释这种现象，心理学家提出特殊的编码原则：如果学习和回忆的背景环境相同，那么我们的记忆更有效。例如，当我们想找回某个记忆时，有时候“往回走”是很有用的，也就是在脑海中重新经历当时的过程。

双重编码

大脑由两个半球组成，它们各自以不同的方式发挥作用，同时又相互协作。

“我把钥匙放在哪了？”

这个日常生活中常见的问题能调动大量的记忆资源。一次内省就足以说明这一点。我们“看见”钥匙，感觉它就在手中，并在锁眼里“转动”，我们尽力回想当时的环境背景和准确时间，以及和别人的谈话，有时同时进行的其他事情会干扰我们对放置钥匙的常规记忆。

用神经心理学家的话来说，对这样的任务我们既需要情景记忆，也需要语义的、程序性的记忆。尽管所有回想起来的信息——视觉的、口头的、语义的、行为的等——都与“钥匙”有关，但它们是在大脑的不同区域里被处理的。借助神经元环路，这些联系才得以在两个脑半球中被激活。

脑半球的分工和协作

大脑半球的专业化致使语言发展的最主要部分与左脑半球相连。当我们学习或者回忆语义信息时，例如，一组词或者一首诗歌，由左脑半球的记忆系统负责。而当信息具有视觉的或空间的属性时，右脑半球将参与进来。例如，当我们记忆一条路线或者辨认一张面孔时。每个脑半球处理信息的编码方式不同。

□ 视觉信息和口头信息

语言在我们的精神活动中扮演着一个如此关键的角色，以至口头分析可能参与像记忆路线或者面孔这样的任务。功能核磁共振图像技术使我们可以看到在执行给定任务时大脑的活动区域，通常右海马体负责通过视觉辨认面孔，而左海马体用于搜寻对应的人名。为了确定名字和面孔的对应关系，活动是双边的。然而，应该注意两个脑半球也有其相对独立性。在大脑一边受损的情况下，另一边脑半球几乎仍可以保证正常的记忆功能。

□ 分析处理和总体处理

另外，根据某些经验，“口头”和“非口头”的区别并不总是足以解释两个脑半球各自扮演的特殊角色，它们的专门化可能并不只是与信息的属性有关，而且还与信息如何被处理有关。左脑半球可能负责分析和暂时的处理，以逻辑的方式或者根据表达的意思将信息分类。而右脑半球可能进行一个总体处理以建立空间关系，或者根据形态和感情的指示将信息分类。无论如何，我们的精神活动经常要求两个脑半球同时参与。依赖于双重编码的记忆会更有效，因此，阅读是最好的学习方法之一。

语言：左脑半球负责管理，右脑半球负责补充

几乎所有的右撇子和大多数的左撇子，都是由左脑半球掌控与语言相关的精神活动。但是，右脑半球也能够记忆简短的词汇，特别是有着具体意思能引起强烈的视觉图像或者负载着感情的词。一个词或者一句话的表面意思由左脑半球负责，而

对其隐喻意的分析则需要右脑半球的参与。

空间：右脑半球负责管理，左脑半球负责补充

空间管理更多地依赖于右脑半球。当我们在空间中定位，或者学习一条新的路线、辨认一个标志时，比如，一栋楼房，将由右海马体及其相邻区域负责掌控。同时，右脑半球也记录了一些口头编码：“在第三个红绿灯后向右拐……”

其实，每个脑半球都可能与一些特殊的定位方式有关。在一个不太熟悉的环境中，或者面对一条复杂的路线，我们倾向于自己设定一些路标默想出一张路线图，这些“路标”会刺激右海马体。另一方面，对线路的整体处理和设计则需要依靠左海马体。但是，这种任务的分工可能不只是人类特有的，因为这种任务的分工也能在鸡的身上被观察到！

当记忆背叛我们

我们突然想不起某个常用的词，我们一直认为正确的东西却被证明是错的……我们的记忆不总是完美的。那么，关于我们自己的经历呢？生动的细节能保证它的真实性吗？我们能否相信自己的直觉？当把所有这些记忆都当真时，我们能否为自己的直觉而骄傲？

如何知道是真的还是假的

验证记忆是否忠实于现实，这并不容易。如果存在几种说法，在没有“客观”证据时，如何考虑到方方面面来下结论？然而，当不同的人（例如，同一个家庭的成员）对同一事件（他们中的一个人童年时期突发的一件事）拥有相同的记忆时，难道不是这些年来达成的共识？许多轶事由于被多次复述会变得更美好，难道我们就不会使它变得越来越远离真实？那么，是否存在一些判断依据来区分真实和虚假的记忆呢？

瞬间记忆

“当获知以下事件时，你正在做什么？肯尼迪总统被暗杀时，前披头士成员约翰·列侬被杀时，戴安娜王妃发生车祸时，挑战者号航天飞机爆炸时……”所有这些事件都是精神心理分析家用来研究瞬间记忆的材料。一段带有强烈感情的鲜明而详细的记忆能持续多年，但却常常被错误地用来与瞬间成像相比较。通过对重大事件的描述，心理学家可以比较一个为数众多的群体的记忆。在事发后的不同时间段（事后1天或几年）进行调查，能够分离出关于这些事件的记忆的特殊性：清晰度、细节的数量和类型、连贯性等。

□ 挑战者号航天飞机爆炸

1986年，一个研究小组记录了在该事故发生时一群学生的活动。3年后，研究小组重新联系这些学生进行询问。结果，大约44%的人有所改动，有些人的说法变得简单，有一些人的说法则变得复杂。后来的描述变得丰富或与第一次描述截然相反的，是对自己的记忆极度自信的一类人，不管再过多久他们的描述都不再改变或添加。

□ 确信与真实不一定一致

瞬间记忆鲜明而详细的特点与由此产生的确信，都无法确保其真实性。那么这种确信从哪来？主要是通过伴随记忆的鲜明感觉和精确细节来发挥效力。对真实事件的改变和附加仅仅是“善于讲故事的人”的装饰，有时候新的元素在不为我们所知的情况下悄悄地潜入我们的记忆中。

修改记忆

一般，瞬间记忆的真实性问题并不太具有重要性。但是，如果在司法背景下判断记忆是否精确则是另一回事。打比方来说，被传唤来的目击证人在陈述事故时，其可靠性到底有多大呢？

□ 诱导效应

在一个实验中，美国心理学家伊丽莎白·罗福特和约翰·帕默放映了7段关于交通事故的短片。在观看完短片后，他们让被测者描述观察到的场景，然后回答一系列的问题，其中一个问题是“汽车在相接触时的速度大概是多少”，但这个问题不是以同样的方式向所有人提出的，对不同的被测者“相接触”这个词可能用“相撞”“相碰”等。结论验证了研究人员的假设，如果使用的是“较强烈”的词，得到的是一个较高的数字评估：使用较弱的词时估计的平均速度是 50 千米 / 小时，当提到猛烈碰撞时估计的平均速度达到 65 千米 / 小时。

□ 错误信息效应

另一个实验中，在被测者观看一段交通事故短片后，分别给他们一份关于这起交通事故的书面报告。一半报告中存在部分错误信息，例如，用“停车”指示牌代替了短片中的“让行”指示牌。然而，当研究人员询问被测者是看到“停车”指示牌还是“让行”指示牌时，15%—20% 的人确定看到的是“停车”指示牌。

□ 权威肯定效应

美国心理学家索尔·卡森设计了一个实验，被测者在一个实验助手的监督下用电脑输入一段话，事先，他们被警告不要触碰 Option 键，否则电脑可能会“死机”，并且资料将丢失。实验中，电脑突然自动地“停止”，然后实验助手指责被测者触碰了 Option 键，刚开始被测者都否认。事实上，没有任何人按了那个键。在一半的情况下，实验助手假装看到被测者按了 Option 键；另一半的情况下，他假装什么也没看见。接着，实验人员制定了一份坦白书要求被测者签字，69% 的人签了字，其中 28% 的人相信自己按了 Option 键。被实验助手指控并打字极快的被测者全部都签了字，并且 65% 的人承认是自己的错，甚至 35% 的人还创造了某些细节来确认自己的罪行！

错误的记忆

大量实验表明，只要某些条件汇聚在一起，就可以制造出虚假的经历。例如，借助一张假照片，并请一个亲戚做同谋，或者先要求被测者想象一件本可能会发生的事。实验设计者成功地在大约 1/4 的被测者中，“制造”了一个被认为发生在他们童年时代的事件，而事实上所有的细节都是杜撰的。这些虚构的事件包括乘热气球旅行、游览迪斯尼乐园、和马戏团小丑一起过生日，或者在一个商业中心走失等。一个研究小组让被测者相信自己参与了一个改善新生儿视觉和运动能力的研究项目，甚至诱导他们“想起”在出生的第二天看见自己的床头挂着一个彩色的活动玩具！

□“被抑制”的记忆

19 世纪 80 年代和 90 年代的几起案件引发了对美国司法的流言蜚语。在每起案件中，都有一个成年人指控家庭成员或者周围的人在她童年或青少年时对自己进行了性虐待。她们都宣称自己是受害者，然而她们却没有任何记忆，直到 10 多年后她们去进行心理治疗时才重新想起。心理治疗将她们现在的痛苦（抑郁、失业或爱情失败等）归因于童年遭受的性强暴。

大部分被受理的案件都对被告给予了重判和巨额赔款，还有一些案件则被驳回。一个成年女子指控自己的父亲在她 7—14 岁时经常性地强暴她，并且连续两次强迫她堕胎，然而医疗检查却表明她还是个处女。在某些病例中，一些不负责任的或运用特殊疗法（比如，催眠）的精神治疗师都遭到了起诉。

无遗忘的记忆点

我们记不起来了，是因为我们已经遗忘了吗？遗忘是记忆的反面吗？记忆的痕迹将从我们的大脑中消失吗？是否被其他的、更近的所代替了呢？或者它们总是在那儿，只是我们再也想不起来了？

遗忘和时间

随着时间的流逝，我们的记忆似乎越来越模糊不清，并且因不精确而变得缺乏效率。对遗忘的研究是心理学家一直以来主要关注的领域。

□ 遗忘曲线

心理学家赫尔曼·艾宾浩斯（1850—1909 年）是实验心理学家和研究记忆的创始人之一。在 19 世纪 80 年代，他研究了人们通常以怎样的节奏学习和遗忘。

赫尔曼创造了几千个没有意义的音节来减弱对已获知识的影响。在一个包含 14 000 多个学习场景的实验中，赫尔曼试图记忆 400 列这样的音节。实验中，他先衡量自己第一次记住这样一列音节时所需的时间，然后第二次记住所需的时间：如果第一次尝试时他需要 20 次才能记住，那么，一个星期后他只需要 10 次。他还揭示了记忆迅速跌落的情况：20 分钟后只有 60% 的音节被记住，9 个小时后只能记得 33%，而 1 个星期后只能记得 25%，最后大约 20% 的音节在一个月后仍被稳定地记住。赫尔曼发现，如果多次学习或者不断重复，记忆得会更好。

□ 永久存储

赫尔曼的这一发现可能使人惊讶，但是需要注意的是他所学的音节是没有意义的，并且经常更新。

1984年，美国心理学家海瑞·巴瑞克研究了一些学生是以什么样的节奏遗忘所学的西班牙语词汇的——他们从来不使用，并且也不再重新学习。与赫尔曼一样，巴瑞克发现在最初的3年里有一个明显的跌落，之后在接下来的25年中被测试的人仍然能够记住大约60%的词汇。从第8个月开始出现的逐渐而缓慢地遗忘可能与年龄有关，然而，在50岁之后将近40%的词汇仍然被记得！如果只涉及认出词汇及其意思，这一比率还会更高。巴赫克将这一现象解释为“永久存储”。

“舌尖”现象

我们无法想起某人的名字，忘了一个电话号码……然而，它们就在嘴边，只是一时想不起来。当我们尝试找出它们时，先预知它们的发音或者长度，试图逐步地接近它们，同时消除某些摆在它们位置上的障碍。通常，我们拒绝所有的帮助——“等等，先别说，我自己能想起来……”有时候它们会突然出现，有时候则继续“躲藏”，甚至“妨碍我们睡觉”。

我们对这种现象似乎已经习以为常。其实这种现象叫作“舌尖”现象，从20世纪60年代中期开始，认知心理学家们就对这种头脑堵塞或记忆暂时缺失进行了研究。

□ 一个仍未被弄清楚的现象

随着年龄的增长，这种现象将更经常地出现，并且在一天内可能出现好几次，甚至是那些熟悉的字词或者人名。至今心理学家还未能很好地解释此现象，有时它可能与记忆衰退有关。

总之，当最初的尝试不成功时一定不要固执，最好是把注意力转移到别的话题上去，说不定第二天那个词“自己”就出现了。似乎这种“奇迹般地”出现有时候归因于我们刚听到的一个词的发音与要找的那个词的发音相近，或者是别的线索成功地引导。例如，最近非常无奈，老是想不起 compound 这个词，于是就在脑海中想象一个疯狂的科学家在做实验，他把两种物质混合到一起，而且想象 composition 这个词的发音来帮助我记忆，自从这么做之后，就再也不会忘了 compound 这个词了。

遗忘理论

记忆不是只有一种形式，同样，遗忘也不是仅有一种类型。心理学家提出不同的遗忘理论来解释记忆的衰退或个别遗忘的现象。

□ 随着时间的推移而抹去的痕迹

随着时间的推移，记忆痕迹可能从我们的大脑中消失。这一理论看似很简单，却引出了很多问题。如何解释一个似乎消失的信息又突然重新出现，马塞尔·普鲁斯特在《追忆似水年华》中描写的情景又是如何发生的……

□ 持续的痕迹，还是一些痕迹取代了另一些

想象一下你刚刚搬家，你家的电话号码随之也改变了。第

二天，你遇到一个朋友，他想知道你的电话号码。然而只有以前的电话号码在你的脑子里。几个星期后，你终于记住了新的电话号码，当某个人问你："你以前的电话号码是多少？"几乎可以确定的是，新电话号码已占据了你的意识，而旧的号码从此"脱离"你了。

更新的和与我们有更直接关系的信息将取代那些变得无用的信息，但旧的信息并不因此被系统地"搅碎"，并有可能成为干扰的来源。去到一个左边行车的国家，我们会发现在开始几天过马路时，自己总是习惯性先向右看车。这种干扰也可以用来解释"舌尖"现象。但这是因为不同记忆线索之间存在冲突，还是编码本身不完善？

□ 不太容易接近的记忆痕迹

很多遗忘的情形都表明，要找的某条信息就存储在大脑的某个地方，但我们却不能到达那里。这可能也是对"舌尖"现象的解释。有时候，一个线索就足以找到所有的记忆，但有时只有通过比较和辨认才能成功回想起来。

□ 巩固不足的记忆痕迹

几乎我们所有人都有过由于没有很好的复习功课，第二天回答不出问题的经历。学习效果不佳会加剧遗忘的危机，原因有多种，如注意力降低、感情太强烈等。

并且不要忘记，学习效果不佳通常会导致所有的遗忘。另一方面，如果我们的记忆是"完美无缺"的，那么我们将不再可能忘记那些无用的和可怕的东西。

记忆的 3 个关键阶段

学习、储存、重组是记忆的 3 个基本阶段。第一个阶段确保暂时记住信息，第二个阶段是尽可能长时间地保存信息，第三个阶段是在需要的时候把信息取出来。

记忆的 3 个基本阶段

第一阶段：学习。大脑不像照相机或者录音机那样“工作”。为了记住感觉器官捕捉到的信息，大脑必须通过不同的程序创造持续的痕迹，给信息以更深的意义。因此，大脑需要在信息和被感知的环境之间建立联系。例如，当我们重温假期生活时，如果重新回到事发地点，或者经历的某一事件蕴含着强烈的感情，我们就能更好地回忆起来。反之，强烈的压力感将会阻碍回忆。

第二阶段：储存。信息不是以把东西放在仓库或商店里的方式存储在大脑中，因此信息的记忆需要被“巩固”。我们时刻面临着遗忘的挑战，因此必须要“强化”记忆痕迹，以增加信息被长期保存的机会。反复学习有助于巩固知识，并延长记忆。

第三阶段：重组。当然，记忆的目的是为了以后的再利用。有时候，我们能毫不费力地想起一些事情。而有些时候，话就在嘴边，但是我们需要一个线索才能够回想起来。事实上，存在 3 种方式来“找回”记忆。

□ 自由回忆

这种回忆是最困难的。在日常生活中，常以开放式问题的方式出现，例如“你昨天晚上吃了什么甜品”。而在关于记忆障碍的会诊时，医生或者心理学家会询问被测试者：“请告诉我你刚才所学的 4 个词。”

□ 借助线索易化回忆

这种回忆可以依赖于某种辅助条件来减少可能的答案。比如，在上面的第一个问题中加入一条普通的信息，“那是一种主要原料为苹果的甜品”。在第二种情况下，医生和心理学家也给出了线索：“它有可能涉及一棵树、一种鸟、一种乐器或是一种水果。”

□ 通过识别易化回忆

在这种情况下，可以在不同的可能性中选择答案。比如，第一个问题会变成“涉及一个苹果夹心蛋糕、黄油面包片还是一盒苹果酱”。在第二种情况下，医生和心理学家将给出提示：“在以下 8 个词中找出那 4 个词：鹳、李子、铃鼓、山毛榉、乌鸦、竖琴、桦树、菠萝。”

记忆总是有意识的吗

我们必须意识到“信息”这个词的意义是非常广泛的，它可能涉及图像和声音，比如，一场电影；可能涉及经历的感情，比如谈话时的快乐、打高尔夫时一个难掌握的姿势；也可能涉及一种抽象的规则，例如，扑克牌的玩法。

□ 自觉和不自觉地记忆

记忆自身能够以自觉或者不自觉地方式进行。例如，上课或者听讲座，我们会有意识地去记住讲解的内容。然而，在日常生活中存在很多的情形，有时候不重要的信息在我们不知道的时候也被记住了。例如，我们并没有特意去尝试，却记住了一个与我们擦肩而过的女孩的裙子的颜色。

□ 行为的自动化

行为本身也可能是潜意识的。我们有意识地去学习各种运动动作，例如骑自行车、游泳、滑冰等，通过不断地重复实践，我们便能以潜意识的方式完成这些运动，就像自动化那样。

我们能够改善记忆力吗

记忆痕迹如果以有效的方式被巩固，将会保持得更持久。大多数记忆策略通常是针对第一和第二阶段的，也就是说学习和储存阶段。有一些记忆策略是非常简单的，你将在下面的文章中找到极好的例子、技巧和建议。另外，必须记住，良好的睡眠有助于将白天学过的东西在记忆中加固。

临时记忆

大脑不能以直接和即刻的方式储存信息。在构筑永久记忆痕迹之前，需要经过两个临时阶段。首先，大脑在很短的时间内，在感觉记忆中保存来自不同感觉器官的信息。然后，在短期记忆或运作记忆中进行处理，如果必要的话，准备永久地储存。临时记忆的有限性构成了对我们智力功能最主要的约束。

感官记忆

感觉器官把信息传递到特殊的大脑区域，在那里信息被分析，并创造一种在意识中持续很短时间就消失的思维轨迹，听觉平均为 2—3 秒，但对于最易诱发的感觉记忆有时会达到 10 秒。

那么，如何解释视觉感官记忆和听觉感官记忆历时的不同？阅读是非常慢的！我们每秒钟只能阅读一个单词。为了理解一段较长的口语，几秒钟并不算长。事实上，我们周围的视觉元素是如此多，以至我们通过眼睛、头或者身体的移动感知时，图像很快就混合在一起了，大脑即刻出现饱和。视觉记忆（也称为图像记忆）创造的记忆痕迹持续时间不超过 1/10 秒，而听觉记忆（或声音记忆）经常面临的是密度不高的感知，它需要的是延长分析的时间。

短期记忆

一个朋友告诉你他的电话号码，你大声重复或者默念了几遍，以便过后能够写入电话本中。然而，一旦朋友再次跟你讲话，并且……哦！电话号码就从你的脑海中消失了。

这个例子生动地描述了短期记忆的运作方式，大脑能在短暂的时间内精确地保留一条信息，但是一旦出现新信息或者干扰事件后，先前的记忆就消失了。

□ 转瞬即逝的记忆

正如感觉记忆一样，短期记忆只能在一个很短的时间内保存接收到的信息，平均20—30秒，如果需要的话可达90秒。与广为流传的错误观点相反，短期记忆不是用来记忆在最近的、先前的几个小时或者几天前发生的事情，它只是非常短暂的储存。

□ 短期记忆的有限性

同样，短期记忆只包括一定数量的元素，一般在5—9个之间。根据个人和年龄的不同，这个数量会有变化。为什么信息在短期记忆中会这么快地消失呢？

□ 脆弱的记忆

短期记忆对所有干扰注意力的东西都非常敏感。轻微的注意力分散，例如，一个干扰噪音，有时候都可能影响其功能。另外，压力、劳累过度、焦虑、抑郁以及某些疾病，或者酒精和药物（镇静剂、安定药和某些抗抑郁的药）也会影响其效率。

□ 如何测试短期记忆

一个测试短期记忆能力的简单方法是，要求被测试者记住一系列逐渐增长的数字，然后再按照顺序重复出来（参见右框内容）。心理学家用“直接数字跨度”这一术语来定义短期记忆能够记住的数字数量。

但如果要求被测试者倒着复述（间接跨度）呢？其实施将更加困难，并且能够复述出的元素要比直接跨度少一到两个。

短期记忆是一种运作记忆

短期记忆以暂时的方式保存信息并不是一个被动的行为。为了更好地解释这个动态的过程，英国心理学家阿兰·柏德雷用“运作记忆”这一术语代替“短期记忆”，他还设想了一个由3个部分组成的模型。

□ 中央管理者

中央管理者负责筛选感觉信息，并将其传递到语音圈或视觉—空间记事区。还负责控制和分配注意力，并决定完成不同脑力任务的策略。

□ 语音圈

语音圈负责与口语和书面语相关的任务。音素是最小的单位，但我们很难记住那些发音相似的字母或者字词。借助于语音圈，我们能够使信息“焕然一新”地留在脑海中，以便以后的应用。例如，输入一栋大厦的入门密码，之前我们已经将密码写在地址簿上了；或者在看过说明书后，操作家用电器的控制按钮。

□ 视觉—空间记事区

用于解决视觉—空间类的问题，例如，按照地图进行驾驶，并确定空间方向；或者描述一间熟悉的房间里的物品的所在位置。这一记事区能使我们在想象一幅画时，比如，大卫的《拿破仑圣像》，确定上面的人物和其他要素的位置。

运作记忆的功能

在日常生活中，当我们以暂时的方式记住一条受长度限制的信息时，运作记忆起了关键作用。

□ 编码

为了能够以确定的方式对信息进行处理或者将其储存在长期记忆中，就应该对它们进行编码或者以某一“形式”表述，而不是简单的感觉复制。一串声音以音素为单位被分析，一段口头文字按构词被定义……同样，视觉一空间记事区根据颜色、形态、构造、位置等来“破译”视觉对象。

□ 同时再现

比如，立即将一串刚听到的电话号码写下来，或重复默念一个刚在记事本里找过的地址，这样被编码的信息过后能较易回忆起来。

□ 修改

运作记忆能对信息进行简单或者复杂的处理。也正是这个功能保证我们能进行精确的运算，大声地拼读出一个单词，倒着复述一组数字或者字母，又或者是记忆一系列以图像形式表述的物体，同时默念它们的称谓。

□ 比较

在记忆里保存多条信息，就能对它们进行比较，或者弄清楚事情发生的顺序。例如，日常生活中，在超市购物的时候我们可以比较同种物品的不同价格，或者在电话簿中找出某一号码对应的人名。

长期记忆

为了使信息不仅停留于短期记忆中，就有必要把信息传递到另一个更持久的系统中。长期记忆具有我们认为几乎无限的能力，它能够在一段时间后重组信息——一次会面、一个数学公式，或是游泳的动作——从几个小时到几天、几年，甚至有时长达几十年。

两种不同的记忆方式

极少有人埋怨说忘了如何爬楼梯、如何从一个椅子上站起来或者如何刷牙。日常生活中对记忆的抱怨大多数是关于无法想起某个人的名字、某个字，或者一件近期发生的事。在个人经历方面，一个具有遗忘障碍的人将面临更大的困难。为了更好地解释这一现象，心理学家安戴尔·图勒温和拉里·斯里赫定义了两种不同的记忆方式。

□ 陈述性记忆

“你去年去过哪个城市？”“谁是现在的农业部部长？”“《英雄》的作者叫什么名字？”“恺撒是在哪一年死的？”对所有这些问题，我们可以用一个词或者一句话来回答。当然，我们也可以写出答案，在某些情况下还可以画张图或是在一张照片、卡片上指出来。但答案通常都是基于对曾经经历过的或者学过的东西有意识地回忆，并且能够通过口头的方式表述出来。这就是为什么称其为陈述性记忆的原因，也可以用

“精确记忆”这一术语。

□ 非陈述性记忆

操纵电视遥控器、使用厨房用具、骑自行车、系鞋带或者仅仅是走路，这些行为都不需要我们有意识地回忆相关的姿势或动作。即使我们可能记得当初学习这些行为时的情景，但更多时候我们只能以非常简单的方式对这些行为进行描述，并且倾向于演示示范。为了解释自由泳时腿的动作，游泳教练更多地会进行动作示范，而不是用长篇大论来解释。出于这个原因，这种记忆形式被称为非陈述性记忆或者隐性记忆。

从生活事件到日常例行公事

1993 年 4 月 11 日我们去过纽约，《罗密欧与朱丽叶》的作者是莎士比亚，骑自行车的方法……所有这些例子都体现了对行为的记忆，但只有第一个例子是唯一真实发生过的，其他的例子似乎和个人特殊经历无关。并且，即使我们在日常用语中应用“学习骑自行车”这种表述，但当我们涉及“学习”这个词的时候，更多会联想到在学校学到某种知识，而非某种体育活动。那么是否对不同的事物存在不同的记忆呢？

研究人员对某些记忆障碍的研究证实了我们的假设。比如，某些健忘症患者只忘记了个人新近的经历、以前学过的文化知识，或者某些特殊的行为方式。由此，科学家将记忆分成 3 种类型：对发生在特定时间和地点的事件的情景记忆，用来储存一般知识的语义记忆，以及为了完成一些重复性行为或者标准化动作的程序性记忆。

□ 情景记忆

情景记忆对应着我们在一个确定的时间和地点的特殊经历，上个星期我们看过的电影，或者去年夏季我们做过的事。这些经历构成了情景记忆的一大部分。

□ 一个记忆的诞生

当我们记忆这些情景时，不仅记住了事件本身，还记住了当时的环境背景。例如，在我们回忆与朋友一起吃的晚餐时，我们还记得当时的灯光、声音、气味、味道等。同时，这些要素也在我们的记忆中留下了以后回忆的线索。在回忆时，我们就可以在以往的经历中定位："星期五晚上，我去大剧院看了一场极好的表演《图兰朵》，陪同的有小贝尔纳、安娜·玛丽、吉尔伯特、丹尼尔和雅克。"当然，对这样一个事件的记忆也保存有情感的因素。正如伏尔泰观察到的那样："所有触动内心的，都刻印在记忆中。"

记忆就这样保存着事件的主要方面，然而背景线索并不位于大脑的一个确定区域。因此，记忆的程序一点也不像以前描述的那样：在一个"仓库"里储存着记忆，每一个都有其特定位置，当我们需要的时候就"去那儿找"。

□ 事件的不同方面存在于不同的大脑区域

我们在记忆时人脑是什么样子的？比如，在7月的一个早上我们看见花瓶里插着的玫瑰时。首先，对这个场景的感知需要我们不同的感官共同参与：嗅觉感知玫瑰的香味，视觉记录它的形状、颜色和在花瓶中的位置以及花瓶在房间中的位置。接着，形成各种记忆痕迹。有关玫瑰花香的记忆将存留在大脑的嗅觉区域。如果我们被玫瑰花刺扎了一下，感受到的疼痛记忆将保存在大脑的另一个区域。关于地点和时间的信息则被存储在大脑的前部……

大脑各个区域间连接的建立归功于神经元网络，每次记忆一条信息时神经元网络都会被激活。而在回忆时，右额叶会从神经元网络中的不同记忆痕迹出发，进行对场景的重组。

□ 寻找遗失的记忆

有时候寻找遗失的记忆过程需要很长的时间并且很困难，因为必须要重新激活与之相连的全部神经元网络。但有时一个线索就足以唤回全部记忆。正如《追忆逝水年华》中所描写的，一小块浸入茶水中的玛德兰娜蛋糕唤醒了故事叙事者在贡布雷的整个童年世界，因为雷欧妮阿姨曾在给他一块相同的蛋糕之前把蛋糕浸入椴花茶中。

另一方面，分散储存使得记忆更稳固——大脑部分区域受损极少会造成一个人的全部记忆消失。但是，随着时间的推移，某些记忆痕迹的功用改变或者消除了，于是回忆变得很困难。

语义记忆

大脑中其他被储存的信息普遍发生在学习的环境背景下，即一般的常识，比如，《罗密欧与朱丽叶》的作者是谁，意大利的首都是哪……我们从多种渠道获得这些知识，如果这些知识只具有一般的性质，那么当时的学习背景会逐渐从我们记忆中消失。例如，我们很少能想起第一次听到“莎士比亚”或者“罗马”这些词的地点和时间。

有时候，关于时间和地点的记忆痕迹可以帮助我们找到一时遗忘了的东西：我们想起在一本什么样的杂志上读过，要找的东西就在某一页的上方。

□ 什么样的信息储存在语义记忆中

语义记忆存储的不仅是某种类型的百科知识，或一般知识性的问题，还储存了个体在一段时间内的生活事实。借助语义记忆，我们可以给物体命名并将其归类（锤子、螺丝刀、锯子属于工具类），或者给某个种类列举例子（属于昆虫的有蚂蚁、瓢虫、蜜蜂等）。同理，当我们需要记忆一系列混乱无序的词时，我们可以先将其分类，这样就能更容易记住了。

□ 对知识的良好组织

事实上，语义记忆中储存的知识相互联系着，按照逻辑与用途的不同形成复杂的网络。例如，当我们想起“大象”这个词时，其他的概念（大象的颜色、形态或者与它相关的历史）也同时处于活跃状态：“大象身躯庞大，它是灰色的，有两个大耳朵、一个长鼻子和两根大牙，重量可达到 6 吨，拥有闻名于世的记忆力。公元前 3 世纪，汉尼拔骑着大象穿越了阿尔卑斯山……”

实用性知识的组织形式不尽相同。特别是在日常生活中，当涉及一系列规范性的连续动作时，例如，准备早餐、购物、组织聚会等。根据早已建立好的内在逻辑顺序，这些日常规律性的活动一旦开始，接下来的各个步骤便接踵而来，而不需要“图示”或者“脚本”。为了准备早餐，只需要开始第一个动作——在咖啡机里倒入水，这之后就不再需要任何注意力了，接下来的动作会自动执行，我们可以在这段时间去想别的事情。

程序性记忆

第三种记忆类型通常在很大程度上脱离意识，如骑自行车、打网球、弹钢琴、进行心算、母语的正确使用，以及玩扑克牌等，这类活动一般都基于潜意识的记忆，所以很难对其进行详细的描述。这类活动的学习过程通常很漫长，需要经过无数次的练习和重复，而一旦掌握就很难忘记。但某些复杂的活动仍需要坚持实践：一个钢琴家如果不经常练习，他的演奏水平就有可能下降；一位高水平运动员如果缺乏常规的训练，他的成绩也将滑坡。

□ 例行公事性的任务

在日常生活中“自动性动作”扮演着重要角色，让我们可以完成复杂的例行事务，而大脑却保持空闲去面对无法预知的状况。例如，开车时，我们并不十分注意控制方向盘、油门、指示灯等，直到发生特殊情况——一个孩子试图横穿马路——才需要我们动用所有的注意力并结束“自动驾驶”。

□ 按照我们的习惯和偏好

潜意识的程序也是我们许多习惯和偏好的根源。我们能够记住一系列同等商品的价格，可以在比较某种商品时作为参考，比如，哪家超级市场里的苹果更便宜。当我们不能够直接地应用这些程序时，比如，由于货币的改变或者临时居住在外国，我们则显得特别不相信自己的判断。尽管早在 2002 年初就开始推广欧元了，可是许多法国人仍然继续用法郎进行“思考”，特别是对非日常用品，比如，房子或者汽车。

□ 典型的适应状况

在吃完一种特殊的食物（例如，牡蛎）后，我们生病了，从此只要看一眼这种食物就可能恶心。在俄国生理学家巴甫洛夫的实验中，铃声一响起，那条已把铃声刺激同下一餐的来临结合起来的狗就开始流口水。在人类身上也能发现类似动物的这种典型的适应状况，这类适应状况有时候与由于特殊原因引起的害怕或快乐感有关。例如，如果我们曾被野兔咬伤，即使身处距离事故很远的地方，但是周围的树木或者气味与之相似，我们都可能会心跳加剧。

□ 诱饵效应

我们也会无意识地记住一些信息（比如对话者领带的颜色），在以后某个需要的时刻，这些信息能够帮助我们更快或者更容易地回想起当时的情景，但是这些信息与我们有意识记住的信息具有不同的确定程度（“你的领带好像是红色的”）。

为了描述这一现象，科学家们提出诱饵效应。例如，一个填字游戏的答案是一条定义（比如，生产、出售豪华家具），突然我们想到了一个在完全不同的背景下出现过的正确答案（“细木工”）或者类似的答案（“木工”）。有时候，这样的潜意识记忆让我们兜了一圈：我们以为自己找到答案了，事实上，答案是通过我们以前读过的一篇文章而得到的，只不过我们早已忘记自己曾经读过那篇文章。

感官和记忆

外部世界带给我们的感觉信息构成了我们的记忆，我们的5种感官——视觉、听觉、触觉、嗅觉和味觉是记忆的主要入口。但是，通过感官感知而记忆的东西绝不能和相片或者录音磁带相比。感觉信息在大脑深处被分析，然后彼此之间建立联系，在与其他信息比较后，被烙上感情的、形态的（地点）和时间的（日期）印迹。一般来说，这些程序在每个人身上都是一样的，但是每个人的感官能力似乎并不相同。

感官的专业化与缺失

受雇于赌场的能够过目不忘的人、拥有绝妙的耳朵的音乐家、拥有特别敏感的鼻子的香水调剂师等，我们都知道或听说过这种拥有超常视觉、听觉或者嗅觉记忆的人，他们某方面的感觉能力强于一般人，然而能用触觉或味觉创造价值的人就较少见了。

同时，一种超乎寻常的技能似乎总是与另一种感觉方式的缺失联系在一起。例如，天生失明的人成功地发展了在空间、听觉和触觉记忆方面比视力正常的人更高的技能。但是失去一种感知方式和本身缺乏是不一样的，比如，用布莱叶盲文进行触摸式阅读，大脑视觉区无疑也参与了某些语言能力的管理。

接下来，我们将简单介绍视觉、听觉、味觉与记忆的关系。

视觉记忆

英国作家卢迪亚·吉卜林（1865—1936）在他的小说《吉姆》中，详细描写了少年英雄吉姆如何坚持不懈地记忆放在桌子上的物品，然后再找出缺少的东西的过程。经过不断的训练，吉姆获得了一种超常的技能，他能够记住所有看过的细节。

□ 图像记忆

在一个实验中，研究人员向志愿者展示了2500多张幻灯片，每10秒钟换一张。然后，将每张幻灯片与一张新的幻灯片混合在一起，要求被测试者指出熟悉的那张，即他们之前看过的那张。结果非常令人吃惊：几天后，90%以上的图片被认出；几个星期后，仍然有很大比例的图片被认出。之后再用10000张幻灯片做类似的实验，同样确认了视觉识别不同寻常的效率。

□ 如此熟悉的活动

观看是我们非常熟悉的一项大脑活动，以致我们有时候会忘记视觉在记忆过程中扮演着重要角色。信息进入大脑被处理和存储后，就不再依赖语言了。为了解释视觉记忆的运作过程，神经心理学家将视觉记忆（或视觉—空间记忆）同行为记忆进行了比较。视觉记忆能让我们在头脑里“操纵”抽象的图案或路线，而行为记忆则是依靠语言来理解话语的内容和各种视觉信息。

事实上，重要的是不要混淆了视觉信息与视觉记忆。视觉记忆大多数都是按照双重编码的原则来处理词语、图案、照片或者真实的事物等视觉信息。在大量实验中，神经心理学家揭示了双重编码的优点，这种编码方式能将形象信息（形态、尺寸、布局）与动作信息组合在一起。

□ 自闭症患者的记忆：对细节敏锐的感知

人们有时用“照片式”记忆来引出自闭症患者典型的精确记忆。

自闭症是一种发育缺陷，会阻碍患者与社会的互动、对外界情感的反应和与他人的沟通。但这种严重的功能障碍有时却伴随着非凡的音乐记忆能力或“照片式”记忆能力，后一种记忆能力使患者能用复杂的图像表述出记忆里的少量细节，或者毫无困难地进行大量的计算，就像电影《雨人》中达斯汀·霍夫曼所饰演的人物那样。

为了解释这种自发而非凡的能力，神经心理学家提出“表面的记忆”，这种记忆并非想要脱离图像的整体感觉或整体形态，而是试图结合更重要的细节来创造“心理图像”。面对一幅画时，大多数人都是在集中注意力于总体形态后，再试图把握其中的细节，而自闭症患者在没有总体视觉的引领下将同等对待所有细节。因此，在处理信息的第一步，自闭症患者表现得更好，而正常人“消耗”的精力是为了获得更整体或更多的感官信息，以此简化记忆。有些研究人员还认为，自闭症患者越是与世隔绝，越是容易出现运作记忆障碍。

□ 记忆面孔

在图像记忆方面我们是天生的行家，但是我们中有些人在某一特定方面表现出更高的能力，如记忆面孔、建筑物、风景等。这种能力有时候是训练的结果，正如吉卜林的小说中描绘的那样，但是好像真的存在一种“天赋”，比如在过目不忘的人身上。

我们越是能从几千张脸中毫无困难地认出熟悉的那张，越是难以用言语对其进行描述。在描述时，我们通常会提取整体特征，眼睛、胡子、眉毛、痣等，在辨认面孔时语言似乎扮演着次要角色。辨认面孔的能力很早就在儿童身上得到发展，研究表明6—9个月大的儿童比成年人更容易记住周围人的面孔。

听觉记忆

“如果钢琴演奏家想演奏《瓦尔基里骑士曲》或者《特里斯坦》前奏曲，威尔杜汉夫人称道，不是因为这些音乐使她不高兴，而是因为它们给她留下的印象太深刻了。‘您关心我有偏头痛吗？您知道每次他演奏同样的东西时都一样。我知道等待我的是什么！’”（马塞尔·普鲁斯特，《在斯万家那边》）

□ 情绪——理解音乐的关键

情绪与音乐之间的关系是复杂的。一方面，听一段音乐或进行一次与音乐有关的实践（如唱歌或演奏乐器）会引起一些感觉（比如，兴奋或放松），我们根据当时的情绪来阐释这些感觉，并且从此以后我们会把这些感觉与听到的或自己演奏的音乐联系起来。

另一方面，在精神层面，我们大多数人都能够预测一段音乐接下来的部分，“我知道这段之后，铜管将进入交响乐中”或者“节奏将加快，声音将变得更高”。然而，这种才能似乎并不来源于我们受到的音乐教育，而是来自我们从管弦乐中自发得到的“感觉”。

事实上，一段著名的乐曲产生的“震撼”很大程度依赖于我们的精神活动。神经心理学家观察到，某些患者的听力感知（对一段旋律、节奏、音色等）虽然保持完好，但他们失去了听音乐的快乐感。患者自己解释说，他们“不再能理解”不同乐器之间的音乐关系，并且他们也不能再“预知”一段音乐将如何演进。

□ 不同的倾听方式

每个人的音乐才能都不同，一些人似乎比另一些人更有天分去记住一段旋律或者辨认音色。如何解释这些不同？研究人员从对音乐家的观察中发现，他们是以不同常人的方式听，更确切地说是他们“看”所听到的音符，音符对他们来说就相当于“字”。医学图像通过对大脑刺激的研究证明了这些假设，医学刺激利用的是视觉或语言资料。

即使周围存在干扰噪音，职业的或者业余的音乐家都能成功地在意识中保留旋律，而其他人则做不到。在任何情况下，音乐家们都能毫无困难地进行记忆，除非他们同时听到另一段相似的旋律。

□ 记忆和音乐曲目库

得益于我们储存在语义记忆中的理论知识，当我们听到一段旋律或者一个作品时，就会感到熟悉，甚至能够确认其曲名、作曲家或者演奏者。对于那些长期演奏同一种乐器的人来说，曲目库是随着日积月累的实践构筑的。

□ 语言和旋律是两种不同的听觉记忆吗

对旋律的记忆是否比对语言的记忆更持久？专注于歌词和旋律之间关系的神经心理学研究表明，对歌曲的记忆实际上与这两个方面紧密结合，尽管对旋律的记忆在时间上更持久。大脑受损的音乐家能够继续从事音乐活动，但从此再也不能理解歌词或话语。因此，语言和旋律可能以独立的方式保存在长期记忆中。

如果一段音乐在记忆中能保存很久，那毫无疑问它依靠了与语言信息相关的编码，特别是情感信息。某种声音（亲属的声音、环境里的声音、旋律）与某种情感（是否快乐）联系在一起，会对巩固记忆大有帮助。另外，这样的声音现象不需要以有意识的方式被感知也能永久地被储存，而“普通的”听觉信息（如要记下的电话号码）需要意识的参与，因为它们依赖运作记忆。

嗅觉记忆

嗅觉是最强的记忆功能，我们能通过一些气味回想起以前的一些事，比如说，草莓的味道能让我们想起夏天，一些香味能让我们想起香水或者是妈妈做的饭菜等，大多数人都会对某些气味有特殊的联想。

嗅觉并不能帮助我们建立正确的记忆，也不能帮助我们存储信息，它很难和事实发生联系，只和我们自己的情感有关，它可能帮助人们记忆一些地方，一些让人开心、难过、愤怒的事情。当然，嗅觉记忆也并不是完全没有任何意义，人们可以把一些特殊的气味和一些记忆方式结合在一起，这样对人们的记忆能起到增强的作用。

□ 嗅觉记忆的特征

嗅觉记忆有几个重要的特征：第一是持久性，因为在很多年后我们仍然能够描绘出最初闻到某些气味时的感觉；第二是幸福的基调，因为嗅觉记忆能和各种情景之间相互联系；第三是联觉的特质，因为嗅觉记忆能让各种感觉之间相互连接。

气味可以称得上是记忆的要塞，因为它保持的时间是相当长久的。我们在长大之后看见了某种东西，比如说，香水，我们就一定能够回忆出第一次用这种东西时的气味。

嗅觉记忆能够唤醒一些人们曾经垂涎欲滴的生活事件。比如说一些好闻的气味，能让人想起快乐的假期、大自然、和一些人一起吃饭等。有时候一些难闻的气味也能够和幸福快乐的事件联系在一起，比如说，粪坑的臭味可能会让人们想起干农活的快乐时光。这是因为嗅觉信息的处理是由多个大脑区域参与的，导致我们闻到的气味最后会和各种信息结合在一起，形成特有的感情记忆，而不是纯粹的嗅觉的记忆。

使我们能闻到气味的器官是鼻子，确切地说是嗅觉上皮细胞，嗅觉上皮细胞上面的纤毛能够对鼻腔中黏液的分子进行反应，形成神经冲动，传递到大脑中的嗅球上，因此人们才能闻到气味。

大家都知道，包括人在内的很多动物鼻孔都是朝下的，这一方面是因为热的物体散发出的气味是向上的，鼻孔朝下就能轻松捕捉到气味；另一方面是因为能够防止天空中落下的物体、如雨水等阻塞鼻腔。

《追忆逝水年华》中写道：每次在贡布雷游览时，“我总不免怀着难以启齿的艳羡，沉溺在花布床罩中间那股甜腻腻的、乏味的、难以消受的、烂水果一般的气味之中”。

□ 气味，记忆的要塞

马塞尔·普鲁斯特的这段文字，总结了嗅觉记忆的许多特征。

⊙ 持久性：多年后仍能精确地描述出最初的气味感觉；

⊙ 幸福的基调：与情景之间的联系；

⊙ 联觉的特质：能让各种感觉相互联系。

气味是记忆的“要塞”，特别是当记忆痕迹产生于孩童时。我们每个人在成人后，都有突然想起一件极为久远的事的经历，有时候通过一种香水气味、一个房间或者一个在柜子底下找到的毛绒玩具而引发。

□ 幸福的记忆

大多数的嗅觉记忆都是幸福的，唤起曾经“垂涎欲滴”的生活事件。哲学家加斯顿·巴舍拉（1884—1962年）曾说，当记忆“呼吸”的时候，所有的气味都是美好的。

事实上，通过对500多个学生的问卷调查得出的结论是，他们的嗅觉记忆大多数时候是愉快的，无论在所记忆的内容方面，还是在与之相关的情景方面。在儿童身上，常常是重新想起假期、旅游、大自然（大海、山、乡村等）以及家人（父母和祖父母的气味、家庭聚餐、家人的房间等）。

奇怪的是，在一些情况下，也有人把公认为难闻的气味与快乐的经历联系在一起。例如，粪坑的气味让人想起在农场度过的一个假期，氯气让人想起游泳池的游戏。

正如这些联系所展现的，我们在记忆的同时刺激了所有感觉和感情的背景，多个大脑区域参与了嗅觉信息的处理——丘脑、淋巴系统等——烙下了气味的感情价值，聚集了各种感觉信息，因此这些记忆从来都不是纯粹嗅觉的记忆。

味觉记忆

嗅觉记忆和人的情绪有很大的关系，对于一种气味，我们喜欢就是喜欢，不喜欢就是不喜欢，没有任何道理可言。

和嗅觉关系最密切的是味觉，它们一方面能够防止我们自己毒死自己，另一方面则会吸引我们进食。

味觉来源于对味道敏感的细胞周围的化学物质，也就是味蕾周围的化学物质。溶解的化学物质通过味蕾上的圆形小孔到达味觉细胞，最终形成味觉。味觉细胞有一定的生命周期，并且死亡后无法再生，因此在现实生活中我们需要用各种调料来弥补味觉细胞的损失。

在品尝食物的过程中，虽然我们品尝的主要是食物的味道，但是在其中发挥重要作用的却是嗅觉，嗅觉的反应比味蕾更重要。比如说，在我们紧紧捏住自己鼻子的时候，咬一口苹果和咬一口梨并没有差别，我们根本不能分辨出两者味道上的差别。

影响味觉的因素除了嗅觉之外还有食物的温度和质地，比如说，米饭，吃凉饭和吃热饭的感觉肯定是不一样的。味道的偏好也影响着人们的味觉，比如，一个人特别不喜欢某种味道，那么这种味道即使是出现在他最喜欢吃的食物中，他依然不喜欢。有时候经验也能决定味道的好坏，比如说，在一些特定的文化当中，某些让人难以下咽的食物就被认为是美味的。

自传性记忆

对于大多数人而言，“记忆”一词最先能让我们想起的是个人世界，我们自主地保留着对自己实际经历过的事件的记忆。然而，简单观察一下就会发现，这种记忆不仅仅由一系列实际发生过的事件组成。

自主与不自主记忆

当我们回忆过去时（例如，很久前与朋友的一次晚餐），经常需要几秒钟的时间才能想起细节。事实上，我们先要经过一般性的回忆进行确认，比如，是在生命中的哪个时期发生了这一情景（我们是学生的时候），然后上溯到同一类属的事件（在这个时期与朋友的聚餐）。就这样以精神努力为代价，我们找回当时的片段。这个过程有时非常艰难漫长，需要集中注意力有意识地进行记忆重组。一些记忆可能被扭曲，而承载着深厚感情的（我结婚的那一天）往事就能够快速地被想起。

对许多往事的回忆都是由一些同时出现的特殊迹象引发的：一种气味、一种味道、一段旋律、一个词语，或者一种想法、感情或思想状态。在马塞尔·普鲁斯特的小说《追忆逝水年华》中有许多这类的描述：玛德兰娜蛋糕放入一杯茶水中、从佩塞皮埃医生的汽车中观看马丁维尔的钟楼、香榭丽舍大街一个公共洗手间的气味、勺子与餐碟碰撞的声音……作者用了“自主”和“不自主”这两个术语来区分不同的记忆重组方式。

情景记忆和语义记忆之间的差别

为了解释这一现象，神经心理学家提出了情景记忆和语义记忆之间的差别。情景记忆使我们能在脑海里重温某些情景，有时伴随着发生在特定时间和空间里的细节（我们在学校的第一节课）。这些记忆再现通常由心理图像引起，但是我们也能找出和当时有关的感情或情绪。

在语义记忆中，关于我们自己的信息（周围人的名字、我们的爱好等）和一般事件的信息（我们在乡下过的周末、在学校的生活等）是以互补形式存储的。因此，重溯一般性事件其实是为了找回拥有共同特点的特殊事件。不容忽视的是，情景记忆和语义记忆之间存在着相互过渡和转化。

□ 演员的视角与观察者的视角

受情感重大影响的事物带着大量细节被持久地保存在我们的记忆中，这些情感的印记以强烈的再现感为特征，即表现为确切意识状态的再现。在这种情形下，我们倾向于依靠记忆中所保存的和最初事件相同的观点来重现片段。这种“演员的视角”被认为结合了片段记忆，而“观察者的视角”（就像我们看电影那样）则更多地体现出语义记忆。

□ 年龄与自传性记忆

一般来说，情景记忆历时越久，就越难以被忠实地保存，但是也存在许多例外。在3—4岁前，记忆是罕有的（儿童记忆缺失）。10—30岁之间构筑的记忆能保持得较为生动，40岁后这些记忆将在回忆中占相当大的比例，心理学家称之为“记忆重生的顶峰”。因此，人生的这个阶段对构筑我们个人的特征是具有重大意义的。衰老对我们重温特殊事件（情景方面）是不利的，但却不影响我们回忆一般性事件或者个人资料（语义方面），比如周围人的名字。

承载着深厚感情的事件通常能被很好地保存，然而，太强烈的感情有时会导致相反的效果。例如，抑郁有时候会引起情景记忆的衰退。

你的自传性记忆如何

可以通过多种方式来测试自传性记忆受损或者保存的能力，最常用的诊断方式是关于不同生活阶段的问卷调查。除了最近的12个月，童年到17岁，18—30岁，30岁以上，最近的5年，都被认为是特殊的时期。医生或者心理学家详细地询问被测试者在每个生活阶段发生的特殊事件（例如，一次印象深刻的相遇），并且让他们说出具体的时间和地点，然后将结果与其他家庭成员提供的信息做比较。

其他测试方法还有向被测试者展示一系列的词（街道、婴儿、猫等），然后要求他们说出第一次接触这些词的情景，并确定具体时间；又或者评估他们表述一系列情景的能力。测试较少用个人线索（照片或者家庭轶事）来引发回忆，但是得到的结果与其他的测试方法几乎无差别。

前瞻性记忆和元记忆

当回忆过去的生活情景时，思维似乎自然地转向过去。然而，在回溯性记忆之外，还应该具备前瞻性记忆，它对我们的生活来说也是必需的，因为它能使我们想起在未来应该履行的行为。

记住将要做的事

“不要忘记带面包回来”“要记得去投寄这封信”“中午不要忘记吃药”……查看日程簿是用来减轻记忆压力的最广泛方法。为了确保其有效性，前瞻性记忆存储的信息应该表现为：要履行的行为和应该实现的时间，以及应该开始的最佳时间。前瞻性记忆的有效性只有在想起的那一刻才被确定，因此，在记忆时动机和背景是首要的。一旦我们拥有一个填得满满的日程表，就要时不时想着去翻看。

每个人都对不时会忘记做一些事情而感到负疚，而且这还令人非常沮丧。这种类型的记忆的好处是易于改善。只要稍微有点条理，再加上一些简单策略的帮助，就可以提高这方面的记忆。有时，生活似乎被许多小事所占据，“有条理”可以帮助你理清思路，以便处理更为有趣的事情。

□ 为什么我把手巾打了个结

这个象征性的“结”表明线索的重要性与直接关联性。事实上，所有记忆都通过线索被异化了，这些线索或者来自外部环境，或者是由我们自己创造的（明天我应该……）。如果需要找回的记忆缺乏外部线索，那我们将更多地依赖内部线索。

经过面包店这样的简单事实，可以帮助我们建立有效的外部线索来使自己想起应该买面包。当所要实现的是一系列相互联系的行为中的一部分时，记忆重现通常是比较容易的。例如，当我们已经花了许多时间调制正在烤的面包时，很少会忘记在恰当的时候关闭烤箱。然而，买蛋糕是一个相对孤立的行为，因此我们极有可能忘记。

我们可以利用某些工具或者自己创造一些线索，比如，做饭时使用定时器，又比如在手帕上打个结。一定要选择好辅助工具，因为这些工具不仅要具备时间提醒功能，还要让我们知道该做什么。这种情况下，在手帕上打个结表达的内容就不那么详细和明确了。

元记忆

所谓元记忆是指对记忆过程和内容本身的了解和控制。换句话说元记忆是有关记忆的知识。个体对自己的记忆功能、局限性、困难以及所使用的策略等的了解程度就代表了他的元记忆水平。以下是元记忆参与记忆的 3 个阶段。

⊙ 学习：知道怎样学好某条信息。

⊙ 储存：知道自己认识某条信息。

⊙ 重组：知道如何重新找回某条信息。

□ 达利出生于哪一天

可能大部分的人会回答“我不知道”，并且不会在脑海中去寻找答案。是元记忆给了我们一个确定度，去判断是否有机会找到某条信息，或者想起过去和即将发生的事。没有元记忆，我们将总是处在徒劳的寻找中。

当我们评估自己拥有的文化知识时，元记忆就开始工作了。它总是参与我们的决定，包括最实用的那些。在使用新洗衣机前是否应该阅读说明书？在女儿去学校前是否应先在地图上查看下路线？在填写字谜时是否有必要查阅字典？为了理解一篇文章，是否最好从浏览图表开始……

对策略的恰当评估能使我们的记忆更有效率，并且能改善我们获知和回忆的能力。

□ 一种脆弱的记忆

儿童的元记忆很模糊，他们总是被教育不要忘记一切。直到大约7岁，他们高估了自己的记忆能力。事实上，随着年龄的增长，他们的记忆力伴随着判断力的增强而加强。而另一方面，从某个年龄段开始，我们越来越难以正确判断自己记忆力的极限。当然这也因人而异。

如果说回溯性记忆把我们带回过去，前瞻性记忆把我们带去未来，那么元记忆则告诉我们目前的记忆能力。

第三章

评估你的记忆能力

记忆力好不好的标准是什么

衡量一个人记忆力是否良好，有一定的标准。这个标准就构成了记忆的品质，记忆品质良好的记忆应该具备质与量的保证。记忆的品质主要分为记忆的敏捷性、正确性、持久性和准备性。只有同时具备这四个品质的记忆，才是良好的记忆。

记忆的敏捷性

记忆的敏捷性是指一个人在识记材料时的速度，敏捷性主要表现在较短的时间内记住较多的东西。不同的人的记忆敏捷性存在很大的个体差异，记忆东西的时候，有的人可以做到过目不忘，有的人则需要很长时间才能记住。另外，记忆的敏捷性还和人的暂时神经联系形成的速度有关：暂时联系形成得快，记忆就敏捷；暂时联系形成得慢，记忆就迟钝。当然，衡量记忆的好坏不能仅仅凭敏捷性这一个品质，必须把敏捷性与其他的品质结合起来分析才有意义。

记忆的正确性

记忆的正确性是指对记忆的内容从识记、保持、提取到再现都准确无误，记忆的这一品质与暂时神经联系形成的正确程度有关。暂时神经联系越正确，记忆的准确性就越大。暂时神经联系越不正确，记忆的准确性就越差。如果一个人的记忆没有以正确性为前提，那么他在学习上所做的一切努力都将没有意义。为了保证记忆的正确性，必须在第一次记忆的时候，就要保证记忆的正确性。否则，以后就要花费很多时间去纠正这个错误。记忆的正确性是记忆最重要的品质，如果没有这一品质，其他品质就没有存在的意义。

记忆的持久性

记忆的持久性是指记忆内容保持时间的长短。能够把知识经验长期地保留在头脑中，甚至终生不忘，这就是记忆持久性最好的表现。记忆的这一品质，与大脑的暂时神经联系的牢固性有关。暂时神经联系形成得越牢固，记忆就会越长久。暂时神经联系形成得越不牢固，记忆就会越短暂。记忆的持久性一般要会从瞬时记忆开始到短期记忆再到长期记忆的发展过程。

例如，背一首诗，念了几遍以后，大致可以背下来，这是知识的瞬时记忆。当慢慢地背下来以后，知道这首诗里面讲的是什么内容，并把每一句的意思都分析明白，使记忆进一步加深，这就形成了短期记忆，这时已经具备了持久性。之后，反复巩固复习，在闲暇时候想起来就会背一遍，长此以往，就算过很长时间，也会记得这首诗，这样就形成了真正的持久性。

在记忆的持久性方面，每个人都不尽相同，有的人能把识记的东西长久地保持在头脑中，有的人则会很快地把识记的东西忘掉。有的人记得很快，保持的时间也相对比较长。有的人记得快，可是保持的时间短。在学习中，有了记忆的持久性，才会形成牢固地知识，记忆的持久性是记忆良好的一个重要的条件。

记忆的准备性

记忆的准备性是指能够根据自己的需要，对保持内容从记忆中迅速提取、灵活、准确应用的特征。记忆的这一品质，与大脑皮层神经过程的灵活性有关，由兴奋转入抑制或由抑制转入兴奋都比较容易、比较灵活，记忆的准备性的水平就高；反之，记忆的准备性的水平就低。在准备性方面，有的人能得心应手，随时提取知识加以应用。有的人虽然有丰富的知识，但是不能根据需要去随意提取应用，这就是缺乏记忆准备性的表现。

有了记忆的准备性，才会有智慧的灵活性，才能有随机应变的本领和能力。记忆的这一品质是上述三种品质的综合体现，而上述三种品质只有与记忆的准备性结合起来评价才有价值。因此，记忆的这四种品质是相互依存、缺一不可的关系。一个人记忆力的好坏，不能只看记忆的其中一个品质，必须要综合这四个品质去综合评价、综合考察。

如果想提高记忆，就要对自己的记忆品质做一个科学的检查，这样就知道自己的记忆处于一个什么样的水平，方便自己寻找合适的记忆方法。不要太担心测试的结果，大多数人在一开始测试的时候分数都很低，掌握一定的记忆方法后就能得到近乎完美的高分。

测测你自己的记忆力

测量记忆的方法有很多种，以下只列举出四种最基本、最常用的方法，即回忆法、再认法、节省法和重建法。

回忆法

回忆法又称再现法，就是曾经识记过的某种材料，经过一段时间，让被试把所识记过的材料复述出来或以书面的形式写出来。然后把回忆结果与原材料进行比较，就可以推测出保持量的大小。如，考试时的问答题和填空题，就是用回忆法来测量对知识的保持量。此法还可以测量短时记忆。如，一个人说完一个电话号码，立刻就由另一个去复述，这就可以测出短时记忆的保持量。保持量的计算方法是以正确回忆的项目的百分数为指标来计算的，算式如下：

$$\text{保持量} = \frac{\text{正确回忆的测量项目}}{\text{原来识记的测量项目}} \times 100\%$$

例如，我们一次记住了60个英语单词，一个星期后能正确回忆出30个，那么代入公式：

$$\text{保持量} = \frac{30}{60} \times 100\% = 50\%$$

这样就知道记住的单词量为50%。

在具体运用上，回忆法可分为自由回忆和线索回忆两种。

前者是对被试所要回忆的材料不给任何提示，只要求被试把识记过的材料说出来或写出来，后者是向被试提示一部分识记过的材料，然后被试以此为凭据，回忆出其余的材料。

再认法

再认法就是把识记过的材料和没有识记过的材料混在一起，要求被试把识记过的材料和没有识记过的材料区分开。一般情况下没有识记过的新项目和识记过的旧项目数量相等，然后向被试一一呈现，由被试报告每个项目是否识记过。计算公式为：

$$\text{保持量} = \frac{\text{认对数} - \text{认错数}}{\text{呈现材料的总数}} \times 100\%$$

例如，一共有 60 道题，答对了 45 道题，那么代入公式：

$$\text{保持量} = \frac{45-15}{60} \times 100\% = 50\%$$

这样得出正确保持量为 50%。

再认法和回忆法的保持量不同，再认法的保持量优于回忆法的保持量。这是由于完成水平的不同。这种不同主要表现在推测率的不同、依据信息的不同和操作过程的不同。

例如，让你回忆《水浒传》中一百单八将中绰号为“病关索”的姓名，恐怕你回答不出来。这样，在回忆测验中你的记忆成绩为 0。但是，对于这一信息的再认测验，情况便不同了。例如，给出下列选择题：《水浒传》一百单八将中绰号为病关索的姓名是：A. 杨雄；B. 杨虎。这里，推测的正确率至少是 50%。显然再认比回忆要容易。这就是推测率的不同。

依据的信息不同，要实现回忆，必须或多或少记住有关刺激的“整体”信息。

例如，要记住“病关索杨雄”，只了解他是《水浒传》一百单八将之一还不够，还必须了解杨雄的为人，他在梁山泊中的作用，他的绰号的来历、意思等，即掌握整体信息。而再认则不同，只要有能够辨别目标刺激（即以前学过的待再认的刺激）和干扰刺激的信息就可以了。例如，上例中只要知道《水浒传》一百单八将中没有一个叫杨虎的，那就可以确定“病关索”一定是“杨雄”了。

回忆和再认的操作过程不同。回忆某个信息时必须在识记中进行搜索，然后再对信息加以确认。再认某个信息则不同，目标信息是直接呈现给被试，不用在记忆中搜索。因此，再认的成绩就优于回忆的成绩。

节省法

节省法又叫再学法，是要求被试在学习一种材料之后，经过一段时间再以同样的程序重新学习这一材料，以达到原先学习的程度为准。被试把原来熟记的材料不能准确无误地回忆出来时，就要重新学习原来识记过的材料。用原先学习所需要的时间（或次数），减去重新学习时所需要的时间（或次数），两者的差数就是重新学习时节省的数量，这个指标就是节省法测得的记忆保持量。其计算公式是：

$$\text{保持量} = \frac{\text{初学的次数或时间} - \text{再学的次数或时间}}{\text{初学的次数和时间}} \times 100\%$$

例如，背乘法口诀，第一次背了10次就记住了，过了半个月，忘记了一部分。第二次重新背诵，这回可能只需要6次就达到以前的水平，比以前少背 4 次。代入公式：

$$\text{保持量} = \frac{10-6}{10} \times 100\% = 40\%$$

即保持量为 40%，重学比初学节省了 40%。

重建法

重建法就是要求被试再现学习过的刺激次序。具体做法是，给被试按一定顺序呈现排列的若干刺激，呈现后把这些刺激打乱，放到被试面前并让其按原来次序重新建立起来。该方法除了适用于记忆文字材料外，还适用于记忆形状、颜色或其他非文字材料。

由于记忆不是以全或无的形式存在的，我们对某人或某事的记忆可能已不清楚了，但也没有完全遗忘，因而就需要用一些方法来测量记忆的保持量。

你对待生活的大体方式

进行自我评估

本问卷由20个问题组成。请仔细阅读每个问题及其选项，然后选出最适合的答案。

你认为自己是一个有条理性的人吗？

1. 完全不是　2. 有一定的条理　3. 非常有条理

在你参加一个会议时，下列哪个答案最能说明你的状态？

1. 发现自己思绪漂移出去，想着其他事情
2. 只要主题有趣，就能很好地摄入信息
3. 总是能随时集中精神并记得住

你乱放钥匙吗？

1. 经常会　2. 有时会　3. 从不

你有时间安排表吗？

1. 没有　2. 试过，但发现难以随时更新　3. 有

你是否每星期不止一次感到有些晕晕乎乎？

1. 是的　2. 有时　3. 没有

你是否发现一直有太多的事情要做？

1. 是的，我不太擅长熟练掌握事情
2. 我有时不得不加班加点以跟上进度

3. 不会，我基本上能掌控局势

你是否感到难以记住密码？

1. 是的，我很难记住这些东西

2. 我偶尔会在想它们时碰上些问题——因为我对不同的东西设的密码不同

3. 不会，我用的密码不仅熟悉而且易记

你是否有过走进一个房间却忘了为什么走进去的时候？

1. 经常　2. 有时　3. 从未有过

你是否吃大量的新鲜蔬菜和水果？

1. 不　2. 尽量　3. 是的

你能记得给人们发生日贺卡吗？

1. 不能，我记不住日子，所以不知道什么时候该送

2. 只记得同我关系密切的人

3. 是的，我有生日的清单

你是否容易分心？

1. 是的，我发现难以让自己长时间地把注意力集中在某件事情上

2. 有时

3. 从不

你认为新信息好记吗？

1. 不　2. 如果听得仔细的话　3. 是的

你是否让你的思维保持活跃？

1. 并不完全如此　2. 尽量　3. 是的

你是否乱涂乱画？

1. 经常　2. 有时　3. 从不

你的家庭开支是否有条理？

1. 没有

2. 有一定的条理

3. 是的，我先会以一定的次序将它们排列，所以总能按时开支

你多久做一次身体锻炼？

1. 从不，我讨厌做身体锻炼

2. 有时

3. 至少一周两次

你丢过东西吗？

1. 经常　2. 有时　3. 从未

当有人给你介绍新朋友时，你是否能记住他 / 她的名字？

1. 几乎不能　2. 有时能　3. 每次都能

你有没有做过白日梦？

1. 经常　2. 有时　3. 几乎从未

你是否经常会为某些事情紧张？

1. 经常　2. 有时　3. 几乎从未

把你所选答案的序号加起来（序号即代表得分），看看你属于哪一类记忆个性。

□ 得分

20 — 30 分：最佳化程度差

你也许精神不太集中，感到自己的记忆力不是很好。你可能条理性较差。你似乎不太积极利用记忆策略或如列清单之类的帮助记忆的工具。你的生活方式可能也不是特别健康。

如果你属于这种个性类型，就要多下功夫学习提高注意力以及使用记忆策略，从而提高自己的日常记忆功能。专心致志是摄入信息并将其存储起来的基础。记忆策略或记忆帮助工具能帮助你更好地存储记忆信息。你可能还需要考虑改善你的生活习惯，因为健康对你的记忆力会产生很大的影响。

31 — 45 分：最佳化程度中

你的生活也许安排得还可以，但还可以有更好的记忆力。你也许相当有条理，但还有提升的空间。你试过以一种健康的生活方式生活，但并不十分成功——因为你感到自己太忙了。

你应变得更有条理，学会更有效地利用记忆策略，并学习新的策略，会极大地改善你的记忆和注意力。生活方式的改进也应该成为你总体提升计划的一部分。

46 — 60 分：最佳化程度好

你的记忆力可能已经不错并能有效地利用记忆策略。你可能也正努力以一种健康的生活方式生活。因此，紧张程度相对较低。

提升的空间仍然存在——如果你对记忆是如何运作的了解得更多并学习了新的策略，你就可以进一步强化自己的记忆。

评估你的临时记忆

第 1 部分：评估你的数字记忆能力

叫一个朋友读出如下次序的数字，你的任务是以同样的次序复述这些数字。试试看你做得怎么样。

18 13 71 43 7 58 2 9 6 5 4 16 25 3 4 95 19 20

□ 得分

少于 5 个：差；5 — 9 个：中等；多于 9 个：好。

第 2 部分：评估语言记忆的能力

看一下下列词汇并试着记住它们——不要把这些词汇写下来。你有 1 分钟的时间。

木偶 火车 上衣 毯子 汽车 足球 椅子 裤子 桌子

摩托车 谜语 沙发 帽子 玻璃球 直升机 袜子

现在把这些词语遮住，然后尽可能多地把这些词语写出来。

□ 得分

少于 5 个：差；5 — 9 个：中等；多于 9 个：好。

你注意到这些词有什么特殊规律了吗？如果没有，再看一次。如果你看得仔细，你将会发现这些词可以被分成5个主要类别（玩具、交通工具、家具、服装）。增强记忆最简捷的方法之一是将有关项目按类别组合。这能降低记忆的负荷，从而使记忆更加容易。

第3部分：记故事

阅读以下段落。不要记笔记，但在手边准备好纸和笔以备后用。

罗先生正走在去一家超市的路上，他要买早餐、一瓶啤酒、两斤鸡蛋，以及一些甜品。当他沿着人行道往回走时，看见一位女士被一块石头绊了一下，摔倒在地，撞到了头。他赶紧跑过去看她是否需要帮助，并看到她头上的伤口正在流血。他奔向附近最近的房子，敲开了门，告诉开门的女子发生了什么事情，并请她打电话叫人帮忙。15分钟后，来了一辆救护车，把受伤的女士送进了医院。

现在，把这个段落盖起来，然后根据记忆尽可能地（尽可能按照原来的词句）写出这个故事。

□ 得分

你能回忆起多少条信息？

少于15：差；16－25：中等；超过25：好。

大多数人肯定能记住故事梗概，而且可能还能记住一些细节，然而要一字不差地写出这样一个故事则是一件很困难的事情。

我们大多数人在阅读书报时往往只记住大概意思而不是逐字逐句地通篇记忆。这是因为，虽然词句是重要的，但我们的记忆幅度是有限的；所以词句就成了故事的“路径”，因而我们记住的只是大概的意思。重要的是，词句所传递的是内容而不是词句本身。人类的记忆也更善于记住值得记忆的片段或那些同我们个人有牵连的东西。

第 4 部分：识别记忆

看一下下面的这些词汇并记下哪些在前面的练习中出现过。不要翻回去看，你能认出哪些词语自己在前面看见过吗？

木偶　足球　垃圾箱　熨斗　汽车　帽子　轻型摩托车　火车

摩托车　房子　上衣　直升机　毯子　沙发　谜语　窗户

□ 得分

翻回去对照一下，并计算你的得分。

认出少于 9 个：差；9 个：中等；10 个以上：好。

评估你的长期记忆

第 1 部分：经历性记忆

这一类型的记忆往往有不同的种类。

试试看回答以下问题：

1. 你的祖母叫什么名字？
2. 你出生的地方是哪？
3. 你第一个喜爱的玩具是什么？
4. 你小时候最喜欢吃什么？
5. 你小学时的绰号叫什么？
6. 你的祖父是怎样维持生计的？
7. 形容你祖父的外貌。
8. 想一件你 5 岁前收到的礼物。
9. 想象一下你成长的房子，第一扇门是什么颜色？
10. 你小时候的邻居是谁？
11. 你能回忆起上小学第一天的情景吗？你穿什么衣服？
12. 你的第一位老师是谁？
13. 你小时候做的最顽皮的一件事是什么？
14. 你最早的记忆是什么？
15. 你 11 岁时的同桌是谁？
16. 哪位老师你非常不喜欢？
17. 你能否记起在学校用心学过的文章？

18. 第一个让你心动的人是谁？
19. 你第一个约会的人是谁？
20. 第一个伤你心的人是谁？
21. 11 岁时，谁是你最好的朋友？
22. 你记忆最深的第一个假期是什么？
23. 你记忆中最早的节日是什么？
24. 描绘一件你喜欢的玩具。
25. 你什么时候学的自行车？
26. 谁教会你游泳的？
27. 你第一个真正的朋友是谁？
28. 你童年最喜欢的游戏是什么？
29. 你 5 岁时最喜爱的电视节目是什么？
30. 你的第一个纪录是什么？
31. 你在小学时最喜爱的体育运动是什么？
32. 你对较早之前的往事有没有一个深刻的记忆？
33. 有没有一种特殊的气味能使你生动地想起往事？
34. 你的第一只宠物叫什么名字？
35. 你给喜爱的玩具起了多少名字？
36. 你能不能详细地记起 11 岁前的考试片段？
37. 你 5 岁前最喜爱的歌曲是什么？
38. 你 11 岁之前是否有自己的朋友圈？列举两位朋友。
39. 你能否记得小时候幸运避免的一些事情？
40. 你童年时生的最严重的一场病是什么？
41. 你一生中最美好的回忆是什么？
42. 你有没有童年的挚友，阔别已久后再次见面？
43. 你是否记得高中学的一些数学公式？

44. 相对于最近发生的事，你是否更容易记得往事？

45. 你能否记得当你闻讯北京申奥成功时，你身处何地？

□ 得分

30 项以下＝差；30 项＝中等；超过 30 项＝好。

大多数人在这个测试中都完成得很好，基本上能回答30多道题。一旦你开始回答这些问题，你就会促使自己回想更多的往事。这种回忆的感觉会持续很久。也许它还能促使你拿出一些旧照片或纪念品怀念，给老朋友打电话，或者找寻失去联系的朋友。一旦你的永久记忆受到激发，它将发挥巨大的功能。你会惊叹于你能回忆的所有细枝末节。

你可能会发现以上有些事情比其他的更容易记得。如果当时有重要事件发生或该事件对你有着不同寻常的意义，那么记起自己当时在哪儿或在干什么就容易得多。这是因为，我们没有必要记住我们生活中的每一个时刻。我们的记忆会自动地对信息进行筛选，于是我们就会忘记我们所没有必要知道的东西。

第 2 部分：语义性记忆

你的常识怎么样？语义性记忆是我们自己对事实的个人记忆。试试看回答以下问题，并看一下你的知识怎么样。

1. 葡萄牙的首都是哪里？

2.《仲夏夜之梦》的作者是谁？

3. 青霉素是谁发明的？

4.“大陆漂移说”是谁提出的？

5. 离太阳最近的第五颗行星是哪一颗？

6. 曼德拉是在哪一年被释放的？

7. 俄国革命在哪一年？

8. 一支足球队有多少名运动员？

9. 圭亚那位于哪个洲？

10. 在身体的哪个部位可以找到角膜？

11. 到达北极圈的第一位探险者是谁？

12.《物种起源》的作者是谁？

13. 与南美洲接壤的是哪两个大洋？

14. 比利时的首都是哪里？

15. 静海在什么地方？

16. 第一次世界大战的起讫日期是什么？

17. 卷入水门事件丑闻的美国总统是哪一位？

18. 拿破仑最后被放逐到什么地方？

19. 色彩的三原色是什么颜色？

20.《热情似火》的女主角是谁？

□ 得分

少于 10 个：差；11 — 15 个：中等；16 — 20 个：好。

□ 答案

1. 里斯本 2. 莎士比亚 3. 弗莱明 4. 魏格纳 5. 木星
6.1990 年 7. 1917 年 8. 11 名 9. 南美洲 10. 眼睛
11. 罗伯特·爱得温·派瑞 12. 达尔文 13. 太平洋和大西洋
14. 布鲁塞尔 15. 月球 16. 1914 年至 1918 年 17. 尼克松
18. 圣赫勒拿岛 19. 红、黄、蓝 20. 玛莉莲·梦露

我们的语义性知识会随着许多不同的因素而变化，例如你来自何方、你的年龄、兴趣，以及其他。要扩展你在已经有所了解的方面的语义性知识是比较容易的，因为这些知识更有意义。

评估你的前瞻性记忆

我们大多数人过着繁忙的生活。以下哪件事情你会经常忘记？

⊙付账（或者是否已经付过账了）

1. 经常　2. 有时　3. 从不

⊙计划好的约会时间

1. 经常　2. 有时　3. 从不

⊙收看感兴趣的电视节目

1. 经常　2. 有时　3. 从不

⊙下一周的计划

1. 经常　2. 有时　3. 从不

⊙出去旅行前取消所订的报纸或杂志

1. 经常　2. 有时　3. 从不

⊙出行前从自动柜员机中取钱

1. 经常　2. 有时　3. 从不

⊙晚上睡觉前调好闹钟

1. 经常　2. 有时　3. 从不

⊙吃药

1. 经常　2. 有时　3. 从不

⊙给好朋友送生日卡

1. 经常　2. 有时　3. 从不

⊙回电话

1. 经常　2. 有时　3. 从不

□ 得分

把你所选答案的序号加起来。

10 — 15：差；16 — 15：中等；26 — 30：好。

每个人都对不时会忘记做一些事情而感到内疚，而且这还令人非常沮丧。这种类型的记忆的好处是易于改善。只要稍微有点条理，再加上一些简单策略的帮助，就可以提高这方面的记忆。有时，生活似乎为许多小事所占据，有条理可以帮助清理你的思路，以便处理更为有趣的事情。

诠释你的强势和弱势

思维功能与记忆

由于记忆的复杂性和多面性，因此，重要的是要去了解其他有关的思维功能与记忆之间的关系，以及它们为什么对记忆如此重要。虽然注意力集中是记忆的一个基本部分，但计划、组织，以及有效的学习这些过程也是记忆的基本部分。

对自己的记忆有个明确的认识

看一下你在各个不同练习中的得分情况，就会清晰地看出自己在哪些方面最强、哪些方面最弱。你的某些方面比其他方面强是很自然的，这是因为我们的记忆都有不同的强势和弱势。你可以做许多练习来进行改善，变得更有条理并使用不同的策略对你就有帮助。即使你在每个方面都得了高分，你的记忆仍然有可以提高的地方。

这种能力可以让我们识别是否知道或记得某事，因为我们知道自己的记忆中有这些信息。它还被称为后记忆。它帮助我们监控我们对信息的了解与否——记忆功能中让我们知道自己了解某事的哪个方面。完成以上的各项记忆测试将帮助你发现自己的强势和弱势，因而知道要集中注意哪些方面。你一旦开始对自己的强势和弱势有了足够的了解，就会知道它们如何可以在不同的情况下帮助影响和提高你的记忆。

你适合哪种记忆方法

每个人都有自己偏好的记忆方法

我们有 3 种记忆方法——看、听和做。在这 3 种方法中，每个人都有自己偏好的一种，第二种就作为辅助方法，第三种方法使用起来可能会比较不舒服。一些人很幸运，他们能够同时对三种方法得心应手，也有一些人没那么幸运，他们不能使用其中一种或两种方法（比如，盲人就不能使用视觉这一方法）。

通过测试找到适合你的记忆方法

下面的测试就将告诉你，你比较适合哪种记忆方法。

在课堂上，你可以用很多方法来学习。你偏好哪一种？

1. 听老师讲
2. 从黑板上抄录笔记
3. 基于课堂上学到的知识，自己做一些练习

看完电影之后，你对去看电影中的哪些事记得最清楚？

1. 电影中的对话
2. 电影的动作、情节
3. 你自己做的一些事：坐车到电影院、买票和食品

你怎样学习修理漏气的自行车车胎？

1. 找一个朋友，让他描述如何修理车胎

2. 买成套的修理工具，自己阅读修理说明书

3. 自己摸索着怎么修理

如果你想记住美国历届总统的名字，那么，你会：

1. 将名字都找个相关的事物来记

2. 看肖像记名字

3. 找一些关于他们的图片，然后贴上标签，放入相册

如果你喜欢一首流行歌曲，你最喜欢干下面哪件事？

1. 学习歌词

2. 经常看歌曲录像

3. 试着模仿歌曲的舞蹈

你从思维的角度看待东西的能力如何？

1. 很差　2. 很好　3. 相当好

用手操作的练习，你做得如何？

1. 一般　2. 很好　3. 很差

如果别人给你读了一则故事，你会：

1. 能够很详细地记录下来（一些片段还可以逐字记下）

2. 在脑中形成故事的一些片段

3. 很快就会忘记

在你小的时候，你最喜欢做下面哪件事？

1. 阅读

2. 绘图和油画

3. 按形状分类游戏

如果你搬到一个新的地方，你怎样去熟悉周围的交通路线？

1. 询问当地的人弄清方向
2. 买一张地图
3. 慢慢闲逛一直到你熟悉道路的分布

下面你最擅长记住的是：

1. 别人告诉你的话
2. 看东西的方式
3. 自己做的事

下面的哪个你能最形象地记住？

1. 在学校学到的诗歌
2. 母校的样子
3. 学习游泳的感觉

当你做园艺的时候，你会：

1. 知道所有花草的名字
2. 记得植物的样子，但是会忘记它们的名字
3. 专注于浇水和修剪

日常生活中，你会：

1. 每天都看报
2. 确保每天都看电视新闻
3. 不是每天阅读新闻，因为你有更实际的东西需要做

想象一下，下面的哪项会让你觉得最悲痛？

1. 受损的听力
2. 受损的视力
3. 受损的行动能力

□ 答案

听力偏好者

如果你的答案“1”占大多数，那么，你偏好听力这一记忆方法。你喜欢听声音，特别是语言，你能很容易接收它们所传达的信息。相比其他的一些学习方法，你更倾向于记住或理解用耳朵听到的信息。

视觉偏好者

如果你的答案“2”占大多数，那么，你偏好视觉这一记忆方法。你对视觉感观能力最强，通过视觉能够抓住很多信息。相对于其他的方法，你用视觉的方法能更好地理解以及记住信息。

实践偏好者

如果你的答案“3”占大多数，那么，你偏好实践这一记忆方法。你能从实践中学到最多，你戴起手套做5分钟的实践演练胜过你坐在教室里花几个小时来听讲。你会发现，你不仅仅在一个类型的题目中有很好的答案。其实，很少有人只局限在一种记忆方法上。当然，你可以结合三种记忆方法，因为这样能大大提高记忆效率。如果你发现你很不习惯使用一种记忆方法（比如视觉），可能是你还没找出不能使用这一方法的问题所在。你应该做个视力检查或配一副眼镜，你会发现世界焕然一新。

第四章

培养记忆习惯，提升记忆力

从简单的窍门到记忆策略

记忆术的悠久历史体现了记忆力的重要性，这一重要性已被我们认识到。然而，这些方法至今仍有效吗？简单的窍门和神经心理学发展的策略之间是否存在区别？

“记忆不是肌肉！”

有些人想知道是否存在对记忆的训练，对这样的问题，专家们经常给出这样的回答：我们能够从中得到什么？

对于我们中的大多数人而言，遗忘或者记忆“空洞”只以点状方式突然降临。自然的衰老会导致我们记忆力的下降，随着生命的演进，我们发现遗忘变得更频繁，而学习进度变得更缓慢，并且必须投入更多的努力。是否可以减缓记忆力衰退的进程，一直保持良好的记忆力？

□ 记忆是一个复杂的行为

记忆力不只是一种记录的能力，更是一种能够过滤的能力，因此我们会有所遗忘。记忆过程通常是复杂的，在进行信息处理时会调动不同的记忆形式，各种记忆形式之间的协作会随着不同的行为而不断改变。诚然，由于不断重复同一件事情，我们总能做得一次比一次好，但是这种方式并不完全适用于别的方面。一个深受周围人喜爱的法文歌曲业余爱好者能够轻易引述诗句，却总是忘记亲朋好友的生日。一位拼字大师不管遇到什么样的字谜，都能以极快的速度解答出来，却会因为每星期至少三次想不起某个名人的名字而发愁。一个网球迷能记住所有大型世界巡回赛的日期，却从来都记不住法国大革命爆发的时间……

事实上，关于自己的事我们往往记得比较好，而其他方面就需要费点劲了。经常玩拼字游戏或者背诵诗歌并不能让我们更容易记住把车停哪儿了，或饭后吃药。对于这类情况，记忆术或许能提供一定的帮助。

健康的生活方式和对某一活动强烈的动机都有助于记忆"保持好的状态"，但务必要保证从各种活动中获得乐趣。至于是游戏性的活动，还是更实用的，这并不太重要。

□ 对多种情况适用的法则

如果不停地重复，我们将极少可能忘记某人的名字、一次约会或者放钥匙的地方，但这是繁重且令人生厌的方法。幸运的是，存在几条简单且绝对实用的法则可以加速学习过程，使记忆变得更容易。它们不仅适用于日常生活中大量简单的记忆任务，如果配合合理的方法，还可用来学习和记忆复杂的知识。

这些法则都是广为人知的，我们几乎无时无刻不在应用，通常是以自觉的或潜意识的方式，尤其在我们的专业技术领域。

为了防止记忆衰退和避免健忘，只要目的明确，并付出必要的努力将这些法则付诸实践，那就足够了。面对一项全新的或者复杂的活动（比如以前从没接触过的会计），在没有找到最合适的方法前需要经过更多的摸索。

记忆术提供的策略

记忆术提供的策略虽然有些局限，但在某些方面还是非常有效的，其中大部分策略都被教育界借鉴过，而这并非偶然。

□ 在学校的运用

当必须以正确的顺序复述一段诗文、一个关键句子，或者一个提纲中具有抽象特征的信息时，就极需求助记忆术了。在考试时翻书或询问他人都是被禁止的，再加上巨大的心理压力，很可能引起记忆“空洞”，这时也需要运用记忆术。

□ 在日常生活中的运用

记忆术在学业之外领域的应用就更加局限了。因为，我们能够记住的信息不能太多和太复杂，而且节奏也不能太快。

但是，日常生活中存在这么几种情况，记忆术还是可以发挥作用的。例如，密码（银行卡的、通行证的）和信息口令可能被设置成一系列不存在任何逻辑关系或特殊意义的数据，而且，我们也不能把它们写下来，否则有暴露的危险。这种情况下，应该在第一时间找出适用的策略简化对数据的记忆，那么以后（比如，在一段时间没使用之后）回想起来就会比较容易。

记忆术也能帮助我们在极短的时间内记住少量的信息，例如，当我们手头没有纸或笔，不能立即写下来的电话号码和地址，一些物品在地下室或者车房存放的确切位置。在记忆元素之间建立联系比简单机械地重复更有效。

记忆术的长处与短处

心理成像或双关语都可以作为技巧用来记忆不常见的专有名词，或对应名字与面孔。在脑海中创造一个与词汇的发音或意义相关的图像，同样有助于记忆外语词汇。

□ 一切皆有可能

最优秀的记忆术在理论上适用于每个人。积极与恒心就足以使你能够正确回想起游戏中所有卡片的顺序，或记住整本拉鲁斯小字典。然而，想要更灵活地运用记忆技巧就需要进行训练，并对记忆术抱有兴趣。令人惊奇的是，即使是擅长记忆术的行家里手，在面对一些不太特别的材料时（尤其是教学方面）也似乎更乐意用其他的记忆方法。

□ 然而，记忆术是最好的方式吗

事实上，记忆术存在一些在我们看来“不太聪明的”程序，因为记忆术的运用似乎依赖一个符合信息本身的逻辑。例如，为了记忆哺乳动物的生物学分类，我们可以死记硬背或者利用记忆术。但是，我们也可以先写下来，在理解分类所依据的标准后，再进行记忆。这种方法看起来似乎更好，而前一种方法则给人留下“差学生”的印象，因为没有很好地理解课程而不得不在考试前一天死记硬背。然而，这两种方法的基本原则非常相像，都是将新信息与已掌握的信息联系起来。但是，前一种方法是任意地创造联系，就像地点记忆法所做的那样，相互建立联系的信息之间可以毫不相干；而第二种方法则需要利用既得的知识去建立更有逻辑性的联系。

量体裁衣的策略

“策略”一词最初的意思为“将领的艺术”，即规划与领导战争的行动。依此类推，我们可以定义记忆的策略为计划与引导学习、储存和重组信息的艺术。

20 世纪 70 年代后期的大量调查研究表明：能够辅助我们完成各种学习任务的记忆术在学校中被使用得最多。由于不同的记忆术策略适合于不同种类材料的记忆恢复，我们不能“以不变应万变”。而是必须要决定哪种策略更适合你，哪种策略对于你正在进行的学习任务会最有效果。

□ 适用于具体的情况

我们所使用的策略越是恰当，记忆将越有效率，即越持久和完整。为了记住一小时后应该给朋友打个电话，最好是在电话机旁边放一张便签，而不是在手绢上打个结，后一种方式的不便之处在于无法清晰地指明必须要做的事情。为了不在一个陌生的城市迷路，我们会试图在脑海里构建一张地图，但是步行、开车或坐公共汽车所默记的地图并不相同。

□ 适用于自己

好的策略应该适用于自己，应该考虑到自己已知的信息，将已掌握的知识转移到一个新的领域，或者正相反，防止两个不同领域互相干涉。例如，法国人在学习英语时会碰到许多两种语言共有的词汇，这就需要特别注意了，因为有些词的书写完全一样或者相近，但意思却完全不同。

再者，好的策略还需符合自己的个性。一个健谈的人可能更偏爱通过对话学习外语，即使最初会犯许多错误；一个喜欢阅读的人则可能通过阅读原版小说学习外语；而一个比较内向的人更倾向于在正规的教学培训和埋头专研语法书或者练习教材后，再实践自己的知识。因此，每个人都有自己的学习“风格”和动机。

以上两点，前一点与个体精神活动的特殊性有关，后一点则与个体的兴趣和意图有关，可见并不存在发展记忆策略的笼统的“秘诀”，但是一切都遵循几条主要原则。

记忆策略的主要原则

长期记忆几乎拥有无限储存信息的能力。但是，在需要的时候对信息进行重组则依赖于我们“处理”信息的方式——这些方式不仅可以巩固记忆痕迹，还能易化对信息的重组。

现在我们知道，通过感觉器官所察觉到的一切，都由视觉记忆、听觉记忆、嗅觉记忆和味觉记忆快速过渡中转到长期记忆中。这种临时记忆只能够在极短的时间内（一般为20—30秒，最多90秒）记住有限的信息量（平均7个），并且这种记忆极易受一些因素影响，比如，干扰噪音。除了注意力的因素外，情感也在记忆过程中扮演着重要的角色。

为了能够以有限的方法处理多样的信息，记忆系统不仅需要对信息进行筛选，还要以有利于存储和重组的方式组织信息。

组织信息

没有什么比学习“没头没尾”的东西更难的了。当我们每次遇到不协调的信息时，都会先尝试把握其意思或者逻辑，再与已知信息建立联系。一旦联系建立了，记忆也就变得简单多了。

□ 重新组合信息

为记住一系列的东西，最常见的方法就是改变原来的排列顺序建立总体连贯性。在准备采购单时，尝试根据商场或柜台的位置重新组织物品，以避免不必要的往返和遗漏。

还有一个方法就是减少东西的数量，通过重新分组形成更简单的组合结构。例如，在记忆法国国内电话号码时，最好是分 5 对数字进行记忆，而不是记忆 10 个孤立的数字。如果你是一个电影爱好者，想清楚地记住“詹姆士·邦德”的所有影片，可以根据扮演 007 的演员来将影片分类，从而简化记忆任务。

□ 与已掌握的知识联系起来

在语义记忆中存在着一个复杂的联系网，使我们能很快处理所有新信息。比如，我们能直接辨认出一条新信息，很可能是因为先前有过什么征兆，或者我们将它与别的信息进行了比较。再比如，在树林里散步时，我们能认出路边的蘑菇，这是因为之前我们学过如何辨认蘑菇，就算不知道它的具体名称，但至少知道它是个蘑菇，是属于蘑菇家族的，可能与牛肝菌有那么点关系。

□ 分类、做笔记与事先计划

对信息进行分类是记忆过程中应遵循的一条原则。在信息之间建立等级联系，或将它们集中到同一类别的知识条目中，是保证成功重组信息的最有效方法之一。知识有条不紊的特征使得由特殊到普通再到另一种特殊的转化变得轻松，而一个杂乱无章的目录哪怕再简单也必须从头开始进行一次心理浏览，才能找到需要的东西。

上课或开会时最好做些笔记，随后如果能将其整理一下或做个提纲那就更好了。同样，参考提纲或资料表有助于更好地理解课堂内容，这些内容提要可以给我们提供一些线索，能增加完整回想课堂内容的机会。

在实际生活中，比起一大堆便签之类的提醒记号，或者备忘录中无序的约会列表，合理的日程安排能够提高时间利用效率，为自己赢得时间。即使是为假期做准备，日程表也是必不可少的，它能帮助我们有步骤地处理很多方面的事情（住宿、饮食、交通），避免节外生枝。

概括来说，“规划”是为了对信息进行加固、集中、联系、分类、组织、概括，信息不停地被重复和“处理”，可以巩固记忆痕迹从而方便回想。因此，所有好的记忆策略都取决于对信息的规划。

联想：建立联系

联想是将你想要记住的东西和你已知的东西之间形成智力联系的过程。尽管许多联想是自动产生的，但是联想的意识创造是将新信息编译的一个极好方法。将一事物与另一事物联系起来，便于我们记忆。在游览古希腊雅典卫城时我们会聊起在巴黎的趣闻逸事，在帕特农神庙前我们会惊呼“传说玛德琳娜的教堂……”。大多数时候，我们会不经意地做出这样的联想或比较。当我们乍一眼看到什么东西时会想起另一些事物，这些事物之间没有联系，和我们掌握的知识也无关。因此，在记忆时需要有主动激发联想的行为。还有一些客观存在的情况也会激发联想，比如，词语的发音或字体等。

与其死记硬背，不如用某种方法将分散的信息联系起来，寻找口头的或可视的逻辑性，或者发挥我们的想象力。

构建心理图像

在进行复杂的计算时，比如 4 乘以 18，你是把中间过渡部分（4 × 10 = 40）写在纸上呢，还是在头脑里想象？不确定如何拼写一个单词时，你会想象一下可能的几种写法，然后再决定哪个写法看上去更为熟悉吗？假如有人要你倒着说出一个词，你会先尝试在脑海里浮现出这个词的正常顺序吗？如果答案是肯定的，那么你已经运用了心理成像法，这是最有效的记忆法之一。心理成像能使我们记住较为复杂的信息，也适用于非常多变的状况。

□ 视觉重现

心理图像是对具体视觉感知进行想象后的综合图像。如果有人要你想象一只狗，出现在你脑海中的图像可能涉及多种形态：带有狗的基本特征的图像，你自己养的狗的图像，然后增加或删除一些细节，并添上你想象出来的颜色和动作（比如，奔跑），等等。你可以将自己想象的狗的模样画下来，拿它同真实的狗（一幅图或者一张照片都可以）比较一下，看看你对于狗的想象是否符合现实。

□ 如何从中受益

在传统学习模式下，心理成像法是很重要的，应用也相当频繁。举个例子，要记住一个城市或一条道路的方位，最好将它们以地图或平面图的形式存放在记忆中。与其放弃统计数据里的一些细节，不如利用图表（几何曲线、分布图等）来牢记各种数据。同理，一份组织图能帮你准确分析事物的结构，一个树形图能更清晰地表明分类逻辑。

在日常生活中，心理成像法有助于想起丢失物品的过程，或者在出门前找到到达目的地的最短路径。

记得更牢固的有利条件

组织、联想和心理成像是记忆的3大策略，还有一些条件能够提高这些策略获取和重组信息的效率。

□ 合理划分学习阶段

在复习功课时，1个小时复习10次比10小时复习1次要有用得多。将学习材料划分为不同的部分，然后依次进行，学习新内容前先回想一下已学的内容，每个部分内部要先从简单且容易理解的入手。

□ 进行双重编码

前文提到的许多例子不只调动了唯一的手段——心理成像或对字面意义的分析——而是使用了双重编码。双重编码的效果非常好，要想学得好，最好一边听课一边做笔记，列些提纲或图表将将帮助你更好地掌握课堂内容。

□ 从既得知识中获益

我们可以对既有知识进行修改和补充。根据既有知识分配学习任务会更有效，这就是为什么专家们在自己熟悉的领域能更快地掌握新信息的原因。同时，我们也可以从新的学习中获益，梳理和更新既有知识，补充新的细节或建立新的联系。

□ 转换视角

如果要为一个工作会议做准备，事先你需要想象不同与会者会如何领会你想要说的内容，预测他们可能会提出的问题，以防临场不知如何作答。

同样，在与银行顾问进行业务会面前或在医疗咨询前，不仅要把你想提的问题记下来，还要考虑对方可能会问你的问题。事前有了充分准备，临场忘记主题的可能性就会随之降低。

“我想起来了！”

当回忆与学习的背景相似时，信息重组将更容易。因此，要弄清楚你在什么样的背景下才能回想起来。

□ 回忆需要的背景

如果不得不去地下室找某些东西，可以先在脑海中想象它们所在的位置，那么等到了地下室你就不太容易忘记要找什么了。如果找不到某样东西，那么想想你是从什么时候开始找不到的，回忆所有相关的元素从中找出有用的线索。

想象一下，你出席女儿学期末领取奖学金的仪式。事后，女儿要你给她拍张照片，你却发现相机不见了。在慌乱地寻找前，先尝试在脑海中重现你可能在什么情况下把它丢在哪了：它最后一次在你手里是在什么地方，周围环境如何，你和谁在一起，你们谈论了什么，几点钟，光线如何，当时你闻到了什么气味，听到了什么声音，自我感觉如何……回到你经过的所有地方，想想当时发生了什么，或者站在其他路人的角度想象他们可能看见了什么……

练习很重要

如果不配合以练习，那么最好的记忆策略也会无效。想要改善记忆并非难事，通过训练能使我们形成适合任何情况的习惯性动作。同时，还应该给自己时间以适应不同的记忆策略。注意，每个人都有自己独特的解决方案。

目标和时间管理

你又忘了去面包店买面包，你的一个朋友连续两次指责你忘了约会的时间……这是因为你走神了，还是超出了你的能力范围？当一天的事务累积起来，情况会变得更复杂，遗忘的概率也会随之增加，这就应该提前做计划。如何更好地安排时间，并且记住短期与长期需要完成的任务？

不要忽视一闪即逝的东西

事先计划是有用的。比如，你需要到地下室拿一瓶红酒、一盘速冻菜和垃圾袋。在下楼的时候，你可以这样想："我必须拿 3 样东西上去。"这样，在你还没有拿全 3 种需要的物品时，你将知道任务还没完全完成。

□ 心理图像：有效的视觉线索

借助心理成像的方法会更有效，它能让我们"看清"该做什么。例如，在回家前我们需要去趟药店。但是，由于药店偏离我们以往回家的常规路线，因此我们极可能会忘了。最好的解决办法是创建心理图像，我们"看"到自己驾着车，在路口向左拐去药店，而不是继续直走直接回家。当我们到达左拐的路口时，这一图像将自动被激活，提醒我们去药店。

□ 另一个例子

我们需要在办公室打个电话，告诉熟食店老板为自己安排一个退休告别会。这时也可以创建一个心理图像，我们看见自己到了工作的地方，在办公室里放着30多个小烤炉。当我们真的到办公室的时候，这个图像将会自动地浮现在脑海中，从而提醒我们给熟食店的老板打电话。

安排重要的事情

为了避免可能的遗忘，日程簿是最好的辅助工具。

□ 一些符合我们需要的工具

为了合理安排时间，你可以在文具商场找到最符合自己职业或个人需要的日程簿、笔记本、根据公历年份或学年制作的日历表或者按周划分的日程表。活页的日程簿具有可调节的好处，应选择便于更新的电话本和地址本。

要想合理利用日程簿，就需要不断练习，必须习惯于立刻写下各种约会，包括准确的时间、要见的人、会面的地点和目标。然后，有规律地翻看日程簿，比如每天早上或者一个星期的开始。

个人电子助手具有自动提醒功能，能够帮助我们“聚焦”一天、一个星期的活动安排或者与电脑交换数据。这些功能非常实用，但是对信息的记录却并不总是那么简便，而且需要接受一定的培训。

□ 建立有用的清单

一般来说，一个合理的清单不是仅用一次就能列好的。为了准备购物单，可以在厨房里挂一个小黑板，写下缺少的食物。旅行出发前，在一张纸上或记事本上写下所有在脑海中闪现的东西。这样，在收拾行李的时候，就不会像去年那样忘记带照相机了。

记忆面孔与名字

你是否有过尝试记住一个名人的名字却徒劳无功的经历？是否有好多次，你和一个熟悉的人擦肩而过，却无法想起他是谁？或者遇到了不久前刚认识的一个人，但是你却怎么也想不起他的名字？有时候这些情况非常让人尴尬，而这并不是不可避免的，以下是几点实用的建议。

借助心理图像

我们要学会将信息同可视的图像联系起来。复杂的材料可以被转换成图片或图表，具体的图像比抽象的观点和理念更令人难忘。不要吝啬运用你的思维之眼，形象化程度越高，通常就越是有用。如果要记住有关其他人的信息，用形象化的策略就特别管用，因为我们对他人的了解是通过看他们获得的。

可视的图像对记住人名（尤其是外国人名）非常有帮助。你可能会注意到自己能记住更加具体和形象化的人名，如苹果（听上去是一种水果）。然而，大多数名字要抽象得多，这就是我们为什么都不善于记住它们的原因。在这些情况下，试一下将名字同有意义的可视图像联系起来。

现在，来试一下“名字—面孔”记忆法吧。

首先找出一个与名字相对应的替代词；

然后重复记忆面部特征（例如一束褐色的头发）；

构建一个包含这两个要素的心理图像。

当你再次见到这个人时，他（她）面部的代表性特征（褐色的头发）将激活与她名字相关的心理图像。当然，这一想象过程她是不会知道的！

利用发音进行记忆

在一次工作会议中，为了记住工作组其他成员的名字，我们可以将每个人的第一印象与他们的名字联系在一起：乔治有个大鼻子，托马斯红得像个西红柿，伊莎贝尔很漂亮，瑞哈很健谈……

有时候，我们可以通过一个熟悉的发音来帮助记忆人名。刚介绍给你的一个人可能与你认识的一个人拥有相同或相似发音的名字，或者他的姓氏让你想起某个名人或某个城市。

重复的好处

如果你忘记了某个人的名字，可以要求他再说一遍。还可以通过将他们的名字用于你的对话中来牢记他们的名字（例如，“告诉我，卡洛尔，你对这种情况有什么认识？”），或者问问他们的名字如何拼写或其渊源。当你告别同伴时，再叫一次他的名字（例如，“很高兴能认识你，特雷西，我希望我日后还能见到你。”）。在你进行下一个对话之前，暂时停顿一下，在内心重温一下你想记起这个人的哪些事。如果你某天见到了很多人，你可能希望在口袋中放一张索引卡，以便记下人名及他们的显著特征。

不断重复能够保证名字或面孔更好地“驻扎”在记忆中。因此，尝试时常回想，最初频繁些，随着时间的流逝再逐渐拉长回忆的间隔。这样，你会发现分散记忆和间隔回忆的效应。

线索和背景

当回想某个人的名字时，你可以尝试汇集所有你能够想到的线索，以这种方式你将快速开启回忆之门。

□ 初始字母线索

从回想一遍字母表的所有字母开始，来找出名字的第一个字母。尤其是外国人名，第一个字母往往能提供有利的线索。例如，“Antoine Bechart”这个人名的每个单词的第一个字母正好是字母表中最前面的那两个。

□ 背景环境

拥有越多的关于某人及与其相识的背景信息，将越容易回想起他的名字。事实上，对背景的回忆将帮助你给这个人“定位”，例如他所从事的职业、某些性格特征等。无论是亲属还是公众人物的名字，如果在不同的元素之间建立联系，将更容易记忆，例如将与一个人的对话内容和他的名字联系在一起。如果在阅读完一本书后，与其他人进行了讨论，这本书的作者就不会轻易被忘记。

将重要的东西归档

一旦你记牢了人们的名字和脸孔，那你就需要编码你在哪里遇到的他们或者是其他相关的事情。这样做可将人名与其他信息相综合。例如，我在体育馆遇到 Katie Langston，而她却想去外面享乐。这样，我就通过想象一个瘦小的球童正搀扶着一个看上去有 100 千克重的妇女来加深对这些信息的印象，她穿着一件运动服而且快乐得快要昏死过去。也许，这并不是最好的形象，但它却可能是容易记住的形象。

记忆日期和数字

是否有必要记住我们日常生活中的所有数字，比如，电话号码？很显然没有必要。最好是使用一个组织完善的电话本，经常更新并随身携带着。

但某些特殊的号码必须记住，比如，银行卡的密码、进入某些大楼或者建筑物的密码等。同样，出于职业需要，某些日期、价格或尺寸代码等也需要牢记。以下几点会对你记忆数字有所帮助。

复述法

这是最弱的记忆胶水。不断重复信息能够在你的大脑中留下短暂的记忆，但很快就会被遗忘。不过记电话号码，这不失为一个好方法。

跟着我读：0795634，重复几次。如果你多重复几次，你会发现你已经能够记住它，但是没过多久就忘了。如果不用别的方式重新记忆，不知道明天的这个时候你是否还记得这串数字。不过没关系，有一些东西我们确实不用长时间地去记住。如果你看到一个号码，只要在拨打前的一段时间内记住它，那么你就可以用重复叙述的方法记忆。但是如果你碰到了心仪的人，当她（他）给你电话号码时，用这个方法记忆就不太保险了。

复述法并不是唯一的记忆技巧，如果将它和别的技巧结合，那么它能发挥得很好；如果仅仅单独使用，那么它只能暂时奏效。

组合法

组合法即将一个新数字与一个毫无困难就能出现在脑海中的数字联系起来。例如，对许多人来说，各地区的区号是再熟悉不过的数字，因此可以把它们作为参照去记忆其他的数字。

另一种是联系个人的经历或熟悉的文化知识记忆数字，比如联系自己的出生日期、年龄、主要人生大事发生的时间等。

数学逻辑法

记忆较长的数字时，我们经常将它们成对分组。另外，还可以利用一些简单的数学逻辑和搭配来记忆数字。

下面的例子将向你展示完全不需要成为心算冠军或者从高等技术学院出来就能应用的方法。

1144：数字 11 乘以 4 得到 44。

97531：这是 5 个倒着数的奇数。

154590：15 乘以 3 得到 45，15 乘以 6 得到 90。另外，这些数字也让我们想起“刻钟”。

从阅读中受益

阅读可以是一种娱乐、一种消遣和放松的方式。但是对那些要学习的人，或者只是为了寻找一些信息的人来说，阅读也同样是一件必不可少的活动。在任何情况下，当我们发现自己想不起正在阅读的文章的内容时，或者当我们翻到书的最后一页却发现什么也没记住时，这是非常令人沮丧的，但这并不是不可改变的。

选择你的阅读方式

存在两种阅读方式：被动地阅读和积极地阅读。当我们被动地阅读时，浏览一篇文章或者一本书，并没有将注意力真正地集中在所读的内容上，因为这期间我们的精神在随意游荡。这样的阅读后，我们只能保留对文章的总体印象。

如果希望记住所阅读的细节，就应该采取一种更为积极的态度：在安静的环境中投入更多的注意力并加强学习意图。随时拿着一支笔，以便划出关键字和重要段落，或者是做笔记、绘制图表、写批注。当我们全部阅读完后，重新再看一遍用笔圈出来的部分或者笔记，然后写下记住的重要概念，并尝试梳理阅读内容的结构。

利用 PQRST 方法优化编码

还有一种要求更高和更有效的阅读方法，它在学习中尤为有用。

1950 年，美国心理学家托马斯·富·斯塔逊发展了这种方法。以下是这种方法的 5 个步骤。

预览（Preview）：以浏览的方式进行第一次阅读，抓住文章的总体意思。

问题（Question）：向自己提出关于文章内容的关键性问题，辨别出重要的信息。

阅读（Read）：以积极的方式重新阅读一遍，目标是回答自己提出的问题。

陈述（State）：复述所阅读的内容，并说出文章的主要观点或特征。

测试（Test）：通过设置问题来验证自己是否很好地记住了文章表达的内容，答案构成文章的概要。

这种方法能促使我们深入地处理和组织信息，它被成功地应用于各种日常活动中，比如，学习一门课程或者仅仅是阅读一份报纸。

疲劳：注意力与领悟力的头号敌人

由于疲劳会降低阅读效率，因此我们需要合理安排时间来完成阅读任务。分四个半小时来学习比连续学习两小时要好，这样可以强化记忆痕迹。

考试是让每个人都害怕的事情。但记忆有时会跟我们搞一些恶作剧，就在我们最需要它的时候，我们的记忆不行了，最终导致我们考砸了。即使我们完全能够通过考试，我们日常的学习和记忆方法也可以极大地影响我们在考场中的表现并加强自己的记忆。

在你开始复习时，设计一张时间表并遵照执行。留出足够的放松和娱乐的时间（午饭、下午茶等）。

从通读一个专题的笔记开始，然后总结出主要的几点。

做些额外的阅读以便使笔记更加方便记忆、有意义和有趣。尽量看出不同主题之间的联系以便建立起更有意义的一个总体概念。

躺下来，闭上眼睛，并试着去理解材料。和同班同学进行专题讨论是有所帮助的。如果你对某件事情没有完全理解，那么要想在考试中将它重现就难了。

对于公式、引用，以及类似的材料，你可以尽量创建帮助记忆的工具，使它们更加容易被记住并挂上记忆“标签”。

开始考试之前，想象一下自己写下的要点的序号。在考试时，用你的思维之眼“看”这张清单。

同时，身体健康也是十分重要的，所以要吃好和睡足。

对地点的记忆

谁能自吹从来没有在一个陌生的地方迷过路？有哪个司机从来没有遇到过想不起自己的车停在哪里的情况？这些虽是小事，但却很令人生气，特别是遭遇紧急情况的时候。卡片、地图或者记事本将足以解决这些麻烦，但是我们却正好忘记带了，或者认为完全可以相信自己的记忆力。为了记住一条简单的路线或者停车位，通常只需多动一点脑筋就够了，在这里我们提供了一些窍门。

记住方向和路标

通常可以用两种方法来确定位置：方向和指示性标志。在实际生活中，我们经常将两者合用。例如，视觉化一个几何图形以便记住连续的方向，或视觉化几个标志以便知道什么时候应该转向右边或者左边。有效的记忆通常寻求双重编码，同时利用视觉和语言因素。

将视觉信息口头化

通过地图或卡片确定路线后，即将路线视觉化后，再以小声或默念的形式复述一遍路线，就像在给一个问路人指路一样："在第一个路口向右拐，然后直走500米，接着在第三个路口向左拐……"野营时为了避免迷路，在欣赏风景的同时别忘了记忆视觉标志（栏杆、水库等），并且不时回过头去看看它们。还可以跟同行的人谈论所见到的风景，或者将它们与以前的相关信息建立联系。

将口头信息视觉化

你把车停在了维克多·雨果路的体育用品综合商店对面，为了记住这个位置，你可以构建一个心理图像，比如，维克多·雨果穿着高尔夫服站在商店的玻璃橱里。当你的车位号是214时，可以通过语义记忆告诉自己："我的车在214：地下2层，位置14，就像太阳王路易十四。"

许多状况会使你明白，线索或者标志应该具有稳定性。比如，你把车停下来打算离开10分钟，当时你的车前正好停着一辆红色轿车，但是当你回来时，那辆车可能已经不在那儿了！

找到自己的路

在你动身去某个自己从未去过的地方之前，花些时间做一些准备：先在地图上设计一条路线，然后在头脑中将这条路线形象化，以便在脑海中形成一幅地图，这样你就可以凭记忆到达目的地（而不是不得不停下来查找）。在地图上圈出自己要去的地方，以便万一自己需要查地图时能快速地找到它。（用箭头和大字）把各个转折方向列出清单以备旅行中参考。

在你问路时要注意：仔细听你所问的人说的话，尽量集中注意他在说什么（而不是他穿的什么），把他所说的形象化。如果对方说得太快或者不太清楚，在他说的时候重复每一步，从而使他说得慢一些，同时加强自己的记忆。将对方所说的总结一下——"那么，我应该左转、右转、再右转，然后左转。对吗？"在动身之前，用片刻来回顾一遍对方的指示，然后在路上对自己重复。

追溯个人经历

某些重要的事件似乎永远刻印在我们的记忆中：出生、结婚、亲人的生日、变换工作……关于这些我们不仅记得许多细节，而且通常能想起这些事件的确切时间和地点。其他有些事件虽然具有丰富的细节，我们却很难确定发生的具体时间。还有一些事件，则需要亲人或熟人的帮助才能想起来。我们并不想记住所有的生活经历，但是，多少次我们茫然地想找回一段经历或某件事发生的确切时间。以下是几个小窍门和一些技巧。

发生在什么时候，有什么标志

认知心理学的研究表明，对于许多人来说，最好的时间线索是与自己生活中的事件联系在一起的，“第一个孩子的出生日期”“在爱尔兰旅行之前”，某些时间毫不费力地重现在脑海中，原因很简单：那是在填写行政文件时需要记住的日期，那是个值得庆祝的日子或者仅是别人重新谈论起……

□“那是发生在哪年来着？”

我们能清晰地回忆起一次生日会，因为它很成功或者很失败，而我们却不能确定那是在1995年还是在1996年，在一个星期六还是星期天的晚上。

为了回答这些问题，我们可以参照一些大家都清楚知道时间的公众事件。对法国人来说，1998年世界杯蓝色军团的胜利是一次难忘的事件。因此，为了想起退休那年的情景，那就回想一下1998年看所有球赛的休闲时光吧。每个人都能迅速想起纽约世贸大厦遭袭击或某些重大灾难发生的确切时间，这些标志都能够帮助我们确定个人的生活经历。

□ “那时樱桃开花了……”

在谈论自己经历的重要事件时，可以借助一些细节。例如，通过天气状况推断事件发生的季节——下雪，那就是在冬天；或者植物的状况——樱桃开花了，那就是在春天。汇集与事件相关的所有线索，然后再从中寻找答案。

“当时的确是这样的吗？”

然而，记忆有时也会捉弄我们，而这与任何疾病都毫无关系。对某件事或某个人生动而精确的记忆可能不会引起我们的任何怀疑，但如果与其他见证人一起回忆，就可能出现记忆空洞或矛盾。我们能精准阐述的事件通常具有丰富的细节，而对于那些我们回忆起来有困难的情景，可以向家人或与你共同经历过的人求助。

□ 增加找回记忆的机会

事实上，我们会忘记某些不重要或者不愉快的事情，而保留其他的，有时候还丰富它们。如果我们与参与同一事件的人一起回忆，如一次家庭或朋友聚会，他人的陈述可能引发我们已经遗忘的某段生活场景的突现。与有共同经历的人定期交流有助于对个人经历的回忆，相反，与社会隔离将不利于保持记忆。

除了其他人的见证，还可以依赖一些资料（如书信、影集、录像带、行政文件等）来找回我们的记忆，特别是当这些资料带有时间或地点标注时。考虑到这点，拥有私人日记本对记忆较琐碎的事很有帮助。另外，只要用一个年历或者电子管理器就能轻松地帮助你记住自己在何时何地做何事。作为计划的一部分，你会记录下在自己一生中发生的事情。如果你想要记住自己所做的细节，你可以一直保存着这个计划。

制作家谱

制作家谱是一个常见的理顺家族历程的方式。仅仅标出直系亲属的家谱一般用一棵树表示，分枝的一边是父亲，另一边是母亲，每一代都依此类推。另外，也可以采取轮盘的形式，每个圆环代表一代。复杂的家谱包含有子女、侄子侄女、孙子孙女等所有的亲属关系。

□ 如何着手调查

复杂的家谱能帮助我们快速地找出需要的信息，并且给我们的调查提供帮助。如在进行地区编档时，通过树形家谱能便捷地找到许多档案，出生、结婚、死亡记录等。它也有助于整理分散的文件，像家庭或军队证件之类。

第五章

左右脑开发，拥有超级记忆力

超右脑照相记忆法

不可忽视的右脑照相记忆

著名的右脑训练专家七田真博士曾对一些理科成绩只有 30 分左右的小学生进行了右脑记忆训练。所谓训练，就是这样一种游戏：摆上一些图片，让他们用语言将相邻的两张图片联想起来记忆，比如，“石头上放着草莓，草莓被鞋踩烂了”等。

训练的结果是这些只能考 30 分的小学生都能得 100 分。

通过这次训练，七田真指出，和左脑的语言性记忆不同，右脑中具有另一种被称作“图像记忆”的记忆，这种记忆可以使只看过一次的事物像照片一样印在脑子里。一旦这种右脑记忆得到开发，那些不愿学习的人也可以立刻拥有出色记忆力，变得“聪明”起来。

同时，这个实验告诉我们，每个人自身都储备着这种照相记忆的能力，你需要做的是如何把它挖掘出来。

现在我们来测试一下你的视觉想象力。你能内视到颜色吗？或许你会说：“噢！见鬼了，怎么会这样。”请赶快先闭上你的眼睛，内视一下自己眼前有一幅红色、黑色、白色、黄色、绿色、蓝色然后又是白色的电影银幕。

看到了吗？哪些颜色你觉得容易想象，哪些颜色你又觉得想象起来比较困难呢？还有，在哪些颜色上你需要用较长的时间？

请你再想象一下眼前有一个画家，他拿着一支画笔在一张画布上作画。这种想象能帮助你提高对颜色的记忆，如果你多练习几次就知道了。

当你有时间或想放松一下的时候，请经常重复做这一练习。你会发现一次比一次更容易地想象颜色了。当然你可以做做白日梦，从尽可能美好的、正面的图像开始，因为根据经验，正面的事物比较容易记在头脑里。

你可以回忆一下在过去的生活中，一幅让你感觉很美好的画面：例如，某个度假日、某种美丽的景色、你喜欢的电影中的某个场面等等。请你尽可能努力地并且带颜色地内视这个画面，想象把你自己放进去，把这张画面的所有细节都描绘出来。在繁忙的一天中用几分钟闭上你的眼睛，在脑海里呈现一下这样美好的回忆，如此你必定会感到非常放松。

当然，照相记忆的一个基本前提是你需要把资料转化为清晰、生动的图像。

清晰的图像就是要有足够多的细节，每个细节都要清晰。

比如，要在脑中想象“萝卜”的图像，你的“萝卜”是红的还是白的？叶子是什么颜色的？萝卜是沾满了泥还是洗得干干净净的呢？

图像轮廓越清楚，细节越清晰，图像在脑中留下的印象就越深刻，越不容易被遗忘。

再举个例子，比如，想象“公共汽车”的图像，就要弄清楚你脑海中的公共汽车是崭新的还是又老又旧的？车有多高、多长？车身上有广告吗？车是静止的还是运动的？车上乘客很多很拥挤，还是人比较少宽宽松松？

生动的图像就是要充分利用各种感官，视觉、听觉、触觉、嗅觉、味觉，给图像赋予这些感官可以感受到的特征。

想象萝卜和公共汽车的图像时都用到了视觉效果。

在这两个例子中也可以用到其他几种感官效果。

在创造公共汽车的图像时，也可以想象：公共汽车的笛声是嘶哑还是清亮？如果是老旧的公共汽车，行驶起来是不是吱呀有声？在创造萝卜的图像时，可以想象一下：萝卜皮是光滑的还是粗糙的？生萝卜是不是有种细细幽幽的清香？如果咬一口，又会是一种什么味道呢？

右脑照相记忆训练

经过上面的几个小训练之后，你关闭的右脑大门或许已经逐渐开启，但要想修炼成"一眼记住全像"的照相记忆，你还必须要进行下面的训练：

（1）一心二用（5分钟）。

"一心二用"训练就是锻炼左右手同时画图。拿出一根铅笔。左手画横线，右手画竖线，要两只手同时画。练习一分钟后，两手交换，左手画竖线，右手画横线。一分钟之后，再交换，反复练习，直到画出来的图形完美为止。这个练习能够强烈刺激右脑。

你画出来的图形还令自己满意吗？刚开始的时候画不好是很正常的，不要灰心，随着练习的次数越来越多，你会画得越来越好。

（2）想象训练（5分钟）。

我们都有这样的体会，记忆图像比记忆文字花费时间更少，也更不容易忘记。因此，在我们记忆文字时，也可以将其转化

为图像，记忆起来就简单得多，记忆效果也更好了。

想象训练就是把目标记忆内容转化为图像，然后在图像与图像间创造动态联系，通过这些联系能很容易地记住目标记忆内容及其顺序。正如本书前面章节所讲，这种联系可以采用夸张、拟人等各种方式，图像细节越具体、清晰越好。但这种想象又不是漫无边际的，必须用一两句话就可以表达，否则就脱离记忆的目的了。

如现在有两个水杯、两只蘑菇，请设计一个场景，水杯和蘑菇是场景中的主体，你能想象出这个场景是什么样的吗？越奇特越好。

对于照相记忆，很多人不习惯把资料转化成图像，不过，只要能坚持不懈地训练就可以了。

进入右脑思维模式

我们的大脑主要由左右脑组成，左脑负责语言逻辑及归纳，而右脑主要负责的是图形图像的处理记忆。所以右脑模式就是以图形图像为主导的思维模式。进入右脑模式以后是什么样子呢？

简单来说，就是在不受语言模式干扰的情况下可以更加清晰地感知图像，并忘却时间，而且整个记忆过程会很轻松并且快乐。和宗教或者瑜伽所追求的冥想状态有关，可以更深层次地感受事物的真相，不需要语言可以立体、多元化、直观地看到事物发生发展的来龙去脉，关键是可以增加图像记忆和在大脑中直接看到构思的图像。

如何使用右脑记忆

想使用右脑记忆，人们应该怎样做呢？

由于左右侧的活动与发展通常是不平衡的，往往右侧活动多于左侧活动，因此有必要加强左侧活动，以促进右脑功能。

在日常生活中我们尽可能多使用身体的左侧，也是很重要的。身体左侧多活动，右侧大脑就会发达。右侧大脑的功能增强，人的灵感、想象力就会增加。比如在使用小刀和剪子的时候用左手，拍照时用左眼，打电话时用左耳。

多锻炼你的左手

还可以见缝插针锻炼左手。如果每天得在汽车上度过较长时间，可利用它锻炼身体左侧。如用左手指钩住车把手，或手扶把手，让左脚单脚支撑站立。或将钱放在自己的衣服左口袋，上车后以左手取钱买票。有人设计一种方法：在左手食指和中指上套上一根橡皮筋，使之成为 8 字形，然后用拇指把橡皮筋移套到无名指上，仍使之保持 8 字形。

依此类推，再将橡皮筋套到小指上，如此反复多次，可有效地刺激右脑。此外，有意地让左手干右手习惯做的事，如写字、拿筷、刷牙、梳头等。

这类方法中具有独特价值而值得提倡的还有手指刺激法。苏联著名教育家苏霍姆林斯基说："儿童的智慧在手指头上。"许多人让儿童从小练弹琴、打字、珠算等，这样双手的协调运动，会把大脑皮层中相应的神经细胞的活力激发起来。

还可以采用环球刺激法。尽量活动手指，促进右脑功能，是这类方法的目的。例如，每捏扁一次健身环需要 10—15 千克握力，五指捏握时，又能促进对手掌各穴位的刺激、按摩，使脑部供血通畅。

特别是左手捏握，对右脑起激发作用。有人数年坚持"随身带个圈（健身圈），有空就捏转，家中备副球，活动左右手"，确有健脑益智之效。此外，多用左、右手掌转捏核桃，作用也一样。

正如前文所说，使用右脑，全脑的能力随之增加，学习能力也会提高。

你可以尝试着在自己喜欢的书中选出 20 篇感兴趣的文章来，每一篇文章都是能读 2—5 分钟的，然后下决心开始练习右脑记忆，不间断坚持 3—5 个月，看看效果如何。

给知识编码，加深记忆

编码记忆让你快速记忆

编码记忆是指为了更准确而且快速地记忆，我们可以按照事先编好的数字或其他固定的顺序记忆。编码记忆方法是研究者根据诺贝尔奖获得者美国心理学家斯佩里和麦伊尔斯的“人类左右脑机能分担论”，把人的左脑的逻辑思维与右脑的形象思维相结合的记忆方法。

编码记忆法有利于开发右脑

反过来说，经常用编码记忆法练习，也有利于开发右脑的形象思维。其实早在19世纪时，威廉·斯托克就已经系统地总结了编码记忆法，并编写成了《记忆力》一书，于1881年正式出版。编码记忆法的最基本点，就是编码。

所谓“编码记忆”就是把必须记忆的事情与相应数字相联系并进行记忆。

例如，我们可以把房间的事物编号如下：

1——房门、2——地板、3——鞋柜、4——花瓶、5——日历、6——橱柜、7——壁橱。如果说“2”，马上回答“地板”。如果说：“3”，马上回答“鞋柜”。这样将各部位的数字号码记住，再与其他应该记忆的事项进行联想。

开始先编10个左右的号码。先对脑子里浮现出的房间物品的形象进行编号。以后只要想起编号，就能马上想起房间内的各种事物，这只需要5—10分钟即可记下来。在反复练习过程中，对编码就能清楚地记忆了。

这样的练习进行得较熟练后，再增加10个左右。如果能做几个编码并进行记忆，就可以灵活应用了。你也可以把自己的身体各部位进行编码，这样对提高记忆力非常有效。

作为编码记忆法的基础，如前所述，就是把房间各部位编上号码，这就是记忆的“挂钩”。

请你把下述实例，用联想法联结起来，记忆一下这件事：

1——飞机、2——书、3——橘子、4——富士山、5——舞蹈、6——果汁、7——棒球、8——悲伤、9——报纸、10——信。

先把这件事按前述编码法联结起来，再用联想的方法记忆。联想举例如下：

（1）房门和飞机：想象入口处被巨型飞机撞击或撞出火星。

（2）地板和书：想象地板上书在脱鞋。

（3）鞋柜和橘子：想象打开鞋柜后，无数橘子飞出来。

（4）花瓶和富士山：想象花瓶上长出富士山。

（5）日历和舞蹈：想象日历在跳舞。

（6）橱柜和果汁：想象装着果汁的大杯子里放的不是冰块，而是木柜。

（7）壁橱和棒球：想象棒球运动员把壁橱当成防护用具。

（8）画框和悲伤：画框掉下来砸了脑袋，最珍贵的画框摔坏了，因此而伤心流泪。

（9）海报和报纸：想象报纸代替海报贴在墙上。

（10）电视机和信：想象大信封上装有荧光屏，信封变成了电视机。

如按上述方法联想记忆，无论采取什么顺序都能马上回忆出来。

这个方法也能这样进行练习，先在纸上写出1—20的号码，让朋友说出各种事物，你写在号码下面，同时用联想法记忆。然后让朋友随意说出任何一个号码，如果回答正确，画一条线勾掉。

掌握了编码记忆的基本方法后，只要是身边的事物都可以编上号码进行记忆，把记忆内容回忆起来。

用夸张的手法强化印象

开发右脑的方法有很多，荒谬联想记忆法就是其中的一种。我们知道，右脑主要以图像和心像进行思考，荒谬记忆法几乎完全建立在这种工作方式的基础之上，从所要记忆的一个项目尽可能荒谬地联想到其他事物。

古埃及人在《阿德·海莱谬》中有这样一段："我们每天所见到的琐碎的、司空见惯的小事，一般情况下是记不住的。而听到或见到的那些稀奇的、意外的、低级趣味的、丑恶的或惊人的触犯法律的等异乎寻常的事情，却能长期记忆。因此，在我们身边经常听到、见到的事情，平时也不去注意它，然而，在少年时期所发生的一些事却记忆犹新。那些用相同的目光所看到的事物，那些平常的、司空见惯的事很容易从记忆中漏掉，而一反常态、违背常理的事情，却能永远铭记不忘，这是否违背常理呢？"

古埃及人当时并不懂得记忆的规律才有此疑问。其实，在记忆深处对那些荒诞、离奇的事物更为着迷……这就是荒谬记忆法的来源，概括地讲，荒谬联想指的是非自然的联想，在新旧知识之间建立一种牵强附会的联系。这种联系可以是夸张，也可以是谬化。

荒谬记忆法

荒谬记忆法最直接的帮助是你可以用这种记忆法来记住你所学过的英语单词。例如你用这种方法只需要看一遍英语单词，当你一边看这些单词，一边在头脑中进行荒谬的联想时，你会在极短的时间内记住近 20 个单词。

例如，记忆“Legislate（立法）”这个单词时，可先将该词分解成 leg、is、late 三个字母，然后把“Legislate”记成“为腿（Leg）立法，总是（is）太迟（late）”。这样荒谬的联想，以后我们就不容易忘记。关于学习科目的记忆方法，我们在后面章节中会提到。在这一节中，我们从最普通的例子说明荒谬联想记忆应如何操作。

荒谬记忆法的运用

以下是 20 个项目，只要应用荒谬记忆法，你将能够在一个短得令人吃惊的时间内按顺序记住它们：

地毯　纸张　瓶子　椅子　窗子　电话　香烟　钉子
鞋子　马车　钢笔　盘子　胡桃壳　打字机　麦克风
留声机　咖啡壶　砖　床　鱼

你要做的第一件事是，在心里想到一张第一个项目的图画“地毯”。你可以把它与你熟悉的事物联系起来。实际上，你要很快就看到任何一种地毯，还要看到你自己家里的地毯。或者想象你的朋友正在卷起你的地毯。

这些你熟悉的项目本身将作为你已记住的事物，你现在知道或者已经记住的事物是“地毯”这个项目。现在，你要记住的事物是第二个项目“纸张”。你必须将地毯与纸张相联想或相联系，联想必须尽可能地荒谬。如想象你家的地毯是纸做的，想象瓶子也是纸做的。

接下来，在床与鱼之间进行联想或将二者结合起来，你可以“看到”一条巨大的鱼睡在你的床上。

现在是鱼和椅子，一条巨大的鱼正坐在一把椅子上，或者一条大鱼被当作一把椅子用，你在钓鱼时正在钓的是椅子，而不是鱼。

椅子与窗子：看见你自己坐在一块玻璃上，而不是在一把椅子上，并感到扎得很痛，或者是你可以看到自己猛力地把椅子扔出关闭着的窗子，在进入下一幅图画之前先看到这幅图画。

窗子与电话：看见你自己在接电话，但是当你将话筒靠近你的耳朵时，你手里拿的不是电话而是一扇窗子；或者是你可以把窗户看成是一个大的电话拨号盘，你必须将拨号盘移开才能朝窗外看，你能看见自己将手伸向一扇窗玻璃去拿起话筒。

电话与香烟：你正在抽一部电话，而不是一支香烟，或者是你将一支大的香烟向耳朵凑过去对着它说话，而不是对着电话筒，或者你可以看见你自己拿起话筒来，一百万根香烟从话筒里飞出来打在你的脸上。

香烟与钉子：你正在抽一颗钉子，或你正把一支香烟而不是一颗钉子钉进墙里。

钉子与打字机：你在将一颗巨大的钉子钉进一台打字机，或者打字机上的所有键都是钉子。当你打字时，它们把你的手刺得很痛。

打字机与鞋子：看见你自己穿着打字机，而不是穿着鞋子，或是你用你的鞋子在打字，你也许想看看一只巨大的带键的鞋子，是如何在上边打字的。

鞋子与麦克风：你穿着麦克风，而不是穿着鞋子，或者你在对着一只巨大的鞋子播音。

麦克风和钢笔：你用一个麦克风，而不是一支钢笔写字，或者你在对一支巨大的钢笔播音和讲话。

钢笔和收音机：你能“看见”一百万支钢笔喷出收音机，或是钢笔正在收音机里表演，或是在大钢笔上有一台收音机，你正在那上面收听节目。

收音机与盘子：把你的收音机看成是你厨房的盘子，或是看成你正在吃收音机里的东西，而不是盘子里的。或者你在吃盘子里的东西，并且当你在吃的时候，听盘子里的节目。

盘子与胡桃壳：“看见”你自己在咬一个胡桃壳，但是它在你的嘴里破裂了，因为那是一个盘子，或者想象用一个巨大的胡桃壳盛饭，而不是用一个盘子。

胡桃壳与马车：你能看见一个大胡桃壳驾驶一辆马车，或者看见你自己正驾驶一个大的胡桃壳，而不是一辆马车。

马车与咖啡壶：一只大的咖啡壶正驾驶一辆小马车，或者你正驾驶一把巨大的咖啡壶，而不是一辆小马车，你可以想象你的马车在炉子上，咖啡在里边过滤。

咖啡壶和砖块：看见你自己从一块砖中，而不是一把咖啡壶中倒出热气腾腾的咖啡，或者看见砖块，而不是咖啡从咖啡壶的壶嘴涌出。

这就对了！如果你的确在心中“看”了这些心视图画，你再按从“地毯”到“砖块”的顺序记20个项目就不会有问题了。当然，要多次解释这点比简简单单照这样做花的时间多得多。在进入下一个项目之前，只能用很短的时间再审视每一幅通过精神联想的画面。这种记忆法的奇妙是，一旦记住了这些荒谬的画面，项目就会在你的脑海中留下深刻的印象。

造就非凡记忆力

成功学大师拿破仑·希尔说，每个人都有巨大的创造力，关键在于你自己是否知道这一点。

在当今各国，创造力备受重视，被认为是跨世纪人才必备的素质之一。什么是创造力？创造力是个体对已有知识经验加工改造，从而找到解决问题的新途径，以新颖、独特、高效的方式解决问题的能力。人人都有创造力，创造力的强弱制约着、影响着记忆力的强弱，创造力越强，记忆的效率就越高，反之则低。

创造力成就你的记忆

这是因为要有效记忆就必须要大胆地想象，而生动、夸张的想象需要我们拥有灵活的创造力，如果创造力也得到了很大的锻炼，记忆力自然会随着提升。

创造力有以下 3 个特征：

☐ 变通性

思维能随机应变，举一反三，不易受功能固着等心理定式的干扰，因此能产生超常的构想，提出新观念。

☐ 流畅性

反应既快又多，能够在较短的时间内表达出较多的观念。

□ 独特性

对事物具有不寻常的独特见解。

我们可以通过以下几种方法激发创造力，从而增强记忆力：

□ 问题激发原则

有些人经常接触大量的信息，但并没有把所接触的信息都存储在大脑里，这是因为他们的头脑里没有预置着要搞清或有待解决的问题。如果头脑里装着问题，大脑就处于非常敏感的状态，一旦接触信息，就会从中把对解决问题可能有用的信息抓住不放，从而加大了有效信息的输入量，这就是问题激发。

□ 使信息活化

信息活化就是指这一信息越能同其他更多的信息进行联结，这一信息的活性就越强。储存在大脑里的信息活性越强，在思考过程中，就越容易将其进行重新联结和组合。促使信息有活性的主要措施有：

（1）打破原有信息之间的关联性；

（2）充分挖掘信息可能表现出的各种性质；

（3）尝试着将某一信息同其他信息建立各种联系。

□ 信息触发

人脑是一个非常庞大而复杂的神经网络，每一次的信息存储、调用、加工、联结、组合，都促使这种神经在一定程度上发生了变化。变化的结果使得原来不太畅通的神经通道变得畅通一些，本来没有发生联结的神经细胞突触联结了起来，这样一来，神经网络就变得复杂，神经元之间的联系就更广泛，大脑也就更好使。

同时，当某些神经元受信息的刺激后，它会以电冲动的形式向四周传递，引起与之相联结的神经元的兴奋和冲动，这种连锁反应，在脑皮质里形成了大面积的活动区域。

可见，“人只有在大量的、高档的信息传递场中，才能使自己的智力获得形成、发展和被开发利用。”经常不断地用各种各样的信息去刺激大脑，促进创造性思维的发展和提高，这就是信息触发原理。

总之，创造力不同于智力，创造力包含了许多智力因素。一个创造力强的人，必须是一个善于打破记忆常规的人，并且是一个有着丰富的想象力、敏锐的观察力、深刻的思考力的人。而所有这些特质，都是提升记忆力所必需的，毋庸置疑，创造力已经成为创造非凡记忆力的本源和根基。

对于如何激活自己的创造力，你可以加上自己的思考，试着画出一幅个性思维导图来。

神奇比喻，降低理解难度

比喻记忆法就是运用修辞中的比喻方法，使抽象的事物转化成具体的事物，从而符合右脑的形象记忆能力，达到提高记忆效率的目的。人们写文章、说话时总爱打比方，因为生动贴切的比喻不但能使语言和内容显得新鲜有趣，而且能引发人们的联想和思索，并且容易加深记忆。

神奇的比喻易于理解记忆

比喻与记忆密切相关，那些新颖贴切的比喻容易纳入人们已有的知识结构，使被描述的材料给人留下难以忘怀的印象。其作用主要表现在以下几个方面：

□ 变未知为已知

例如，孟繁兴在《地震与地震考古》中讲到地球内部结构时曾以“鸡蛋”作比：“地球内部大致分为地壳、地幔和地核三大部分。整个地球，打个比方，它就像一个鸡蛋，地壳好比是鸡蛋壳，地幔好比是蛋白，地核好比是蛋黄。”这样，把那些尚未了解的知识与已有的知识经验联系起来，人们便容易理解和掌握。

再如沿海地区刮台风，内地绝大多数人只是耳闻，未曾目睹，而读了诗人郭小川的诗歌《战台风》后，便有身临其境之感。“烟雾迷茫，好像十万发炮弹同时炸林园；黑云乱翻，好像十万只乌鸦同时抢麦田”；“风声凄厉，仿佛一群群狂徒呼天抢地咒人间；雷声呜咽，仿佛一群群恶狼狂嚎猛吼闹青山”；“大雨哗哗，犹如千百个地主老爷一齐挥皮鞭；雷电闪闪，犹如千百个衙役腿子一齐抖锁链”。

这些比喻，把许多人未能体验过的特有的自然现象活灵活现地表达出来，开阔了人们的眼界，同时也深化了记忆。

□ 变平淡为生动

例如，朱自清在《荷塘月色》中写到花儿的美时这么说：“层层的叶子中间，零星地点缀着些白花，有袅娜地开着的，有羞涩地打着朵儿的，正如粒粒的明珠，又如碧天里的星星。”

有些事物如果平铺直叙，大家会觉得平淡无味，而恰当地运用比喻，往往会使平淡的事物生动起来，使人们兴奋和激动。

□ 变深奥为浅显

东汉学者王充说：“何以为辩，喻深以浅。何以为智，喻难以易。”就是说应该用浅显的话来说明深奥的道理，用易懂的事例来说明难懂的问题。

运用比喻，还可以帮助我们很快记住枯燥的概念公式。例如，有人讲述生物学中的自由结合规律时，用篮球赛来做比喻加以说明：赛球时，同队队员必须相互分离，不能互跟。这好比同源染色体上的等位基因，在形成 F1 配子时，伴随着同源染色体分开而相互分离，体现了分离规律。赛球时，两队队员之间，可以随机自由跟人。这又好比 F1 配子形成基因类型时，位于非同源染色体上的非等位基因之间，则机会均等地自由组合，即体现了自由组合规律。篮球赛人所共知，把枯燥的公式比作篮球赛，自然就容易记住了。

□ 变抽象为具体

将抽象事物比作具体事物可以加深记忆效果。如地理课上的气旋可以比成水中旋涡。某老师在教聋哑学校学生计算机时，用比喻来介绍“文件名”“目录”“路径”等概念，将“文件”和“文件名”形象地比做练习本和在练习本封面上写姓名、科目等；把文字输入称为“做作业”。各年级老师办公室就像是“目录”；如果学校是“根目录”的话，校长要查看作业，先到办公室通知教师，教师到教室通知学生，学生出示相应的作业，这样的顺序就是“路径”。这样的形象比喻，会使学生觉得所学的内容形象、生动，从而增强记忆效果。

又如，唐代诗人贺知章的《咏柳》诗：

碧玉妆成一树高，万条垂下绿丝绦。

不知细叶谁裁出，二月春风似剪刀。

春风的形象并不鲜明，可是把它比作剪刀就具体形象了。使人马上领悟到柳树碧、柳枝绿、柳叶细，都是春风的功劳。于是，这首诗便记住了。

运用比喻记忆法，实际上是增加了一条类比联想的线索，它能够帮助我们打开记忆的大门。但是，应该注意的是，比喻要形象贴切，浅显易懂，这样才便于记忆。

另类思维创造记忆天才

“零”是什么，是一个很有趣味性的创造性思维开发训练活动。“零”或“0”是尽人皆知的一种最简单的文字符号。这里，除了数字表意功能以外，请你发挥创造性想象力，静心苦想一番，看看“0”到底是什么，你一共能想出多少种，想得越多越好，一般不应少于30种。

为了使你能尽快地进入角色，现作如下提示：有人说这是零，有人说这是脑袋，有人说这是地球，有人说这是宇宙。几何教师说“是圆”，英语老师说“是英文字母O”，化学老师讲“是氧元素符号”，美术老师讲“画的是一个蛋”。幼儿园的小朋友们认为“是面包圈”“是铁环”“是项链”“是孙悟空头上的金箍”“是杯子”“是叔叔脸上的小麻坑”……

另类思维创造记忆天才

另类思维就是能对事物做出多种多样的解释。

之所以说另类思维创造记忆天才，是因为所谓“天才”的思维方式和普通人的传统思维方式是不同的。一般记忆天才的思维主要有以下几个方面：

□ 思维的多角度

记忆天才往往会发现某个他人没有采取过的新角度。这样培养了他的观察力和想象力，同时也能培养思维能力。通过对事物多角度的观察，在对问题认识得不断深入中，就记住了要记住的内容。

大画家达·芬奇认为，为了获得有关某个问题的构成的知识，首先要学会如何从许多不同的角度重新构建这个问题，他觉得，他看待某个问题的第一种角度太偏向于自己看待事物的通常方式，他就会不停地从一个角度转向另一个角度，重新构建这个问题。他对问题的理解和记忆就随着视角的每一次转换而逐渐加深。

□ 善用形象思维

伽利略用图表形象地体现出自己的思想，从而在科学上取得了革命性的突破。天才们一旦具备了某种起码的文字能力，似乎就会在视觉和空间方面形成某种技能，使他们得以通过不同途径灵活地展现知识。当爱因斯坦对一个问题做过全面的思考后，他往往会发现，用尽可能多的方式（包括图表）表达思考对象是必要的。他的思想是非常直观的，他运用直观和空间的方式思考，而不用沿着纯数学和文字的推理方式思考。爱因斯坦认为，文字和数字在他的思维过程中发挥的作用并不重要。

□ 天才设法在事物之间建立联系

如果说天才身上突出体现了一种特殊的思想风格，那就是把不同的对象放在一起进行比较的能力。这种在没有关联的事物之间建立关联的能力使他们能很快记住别人记不住的东西。德国化学家弗里德里·凯库勒梦到一条蛇咬住自己的尾巴，从而联想到苯分子的环状结构。

□ 天才善于比喻

亚里士多德把比喻看作天才的一个标志。他认为，那些能够在两种不同类事物之间发现相似之处并把它们联系起来的人具有特殊的才能。如果相异的东西从某种角度看上去确实是相似的，那么，它们从其他角度看上去可能也是相似的。这种思维能力加快了记忆的速度。

□ 创造性思维

我们的思维方式通常是复制性的，即，以过去遇到的相似问题为基础。

相比之下，天才的思维则是创造性的。遇到问题的时候，他们会问："能有多少种方式看待这个问题？""怎么反思这些方法？""有多少种解决问题的方法？"他们常常能对问题提出多种解决方法，而有些方法是非传统的，甚至可能是奇特的。

运用创造性思维，你就会找到尽可能多的可供选择的记忆方法。

诺贝尔奖获得者理查德·费因曼在遇到难题的时候总会萌发出新的思考方法。他觉得，自己成为天才的秘密就是不理会过去的思想家们如何思考问题，而是创造出新的思考方法。你如果不理会过去的人如何记忆，而是创造新的记忆方法，那你总有一天也会成为记忆天才。

左右脑并用创造记忆的神奇效果

左右脑分工理论告诉我们，运用左脑，过于理性；运用右脑，又容易流于滥情。从IQ（学习智能指数）到EQ（心的智能指数），便是左脑型教育沿革的结果；而将“超个人”这种所谓的超常现象，由心理学的层面转向学术方面的研究，更代表了人们有意再度探索全脑能力的决心。

若能持续地进行右脑训练，进而将左脑与右脑好好地、平衡地加以开发，则记忆就有了双管齐下的可能：由右脑承担形象思维的任务，左脑承担逻辑思维的重任，左右脑协调，以全脑来控制记忆过程，自然会取得出人意料的高效率。

发挥大脑右半球记忆和储存形象材料的功能，使大脑左右两半球在记忆时，都共同发挥作用，使大脑主动去运用它本身所独有的“右脑记忆形象材料的效果远远好于左脑记忆抽象材料的效果”这一规律。这样实践的效果，理所当然地会使人的记忆效率事半功倍，实现提升记忆力的目的。

另据生理学家研究发现，除了左右半脑在功能上存在巨大差异外，大脑皮层在机能上也有精细分工，各部位不仅各有专职，并有互补合作、相辅相成的作用。

由于长期以来，人们对智力的片面运用以及不良的用脑习惯的结果，不仅造成了大脑部分功能负担过重，学习和记忆能力下降，而且由此影响了思维的发展。

为了扭转这种局面，就需要运用全脑开动，左右脑并用。

使左右半脑交叉活动

交叉记忆是指记忆过程中，有意识地交叉变换记忆内容，特别是交叉记忆那些侧重于形象思维与侧重于抽象逻辑思维的不同质的学习材料，以使大脑较全面发挥作用。记忆中，还可以利用一些相辅相成的手段使大脑两半球同时开展活动。

进行全脑锻炼

全脑锻炼是指在记忆中，要注意使大脑得到全面锻炼。大脑皮层在机能上有精细的分工，但其功能的发挥和提高还要靠后天的刺激和锻炼。由于大脑皮层上有多种机能中枢，要使这些中枢的机能都发展到较高水平，就应在用脑时注意使大脑得到全面的锻炼。

比如，在记忆语言时，由于大脑皮层有 4 个有关语言的中枢——说话中枢、书写中枢、听话中枢和阅读中枢，所以为了使这些中枢的机能都得到锻炼，就应当在记忆时把说、写、听、读这几种方式结合起来，或同时进行这几种方式的记忆。

我们以学习语言为例，说明如何左右脑并用。为了学会一门语言，一方面必须掌握足够的词汇，另一方面，必须能自动地把单词组成句子。词汇和句子都必须机械记忆，如果你的记忆变成推理性的或逻辑性的记忆，你就失去了讲一种外语所必需的流畅，进行阅读时，成了一字字地翻译了。这种翻译式的分析阅读是左脑的功能，结果是越读越慢，理解也就更难，全靠死记住某个外语单词相应的汉语单词是什么来分析。

发挥左右脑功能并用的办法学语言是用语言思维，例如，学英语单词“bed”时，应该在头脑中浮现出“床”的形象来，而不是去记“床”这个字。为什么学习本国语言容易呢？因为你从小学习就是从实物形象入手，说到“暖水瓶”，谁都会立刻想起暖水瓶的形象来，而不是浮现出“暖水瓶”三个字形来，说到动作你就会浮现出相应的动作来，所以学得容易。我们学习外语时，如能让文字变成图画，在你眼前浮现出形象来——这就让右脑起作用了。每个句子给你一个整体的形象，根据这个形象，通过上下文来判别，理解就更透了。

教育学、心理学领域的很多研究结果也显示，充分利用左右脑来处理多种信息对学习才是最有效的。

关于左右脑并用，保加利亚的教育家洛扎诺夫创造的被称之为“超级记忆法”的记忆方法最具有代表性。这种方法的表现形式中最引人入胜的步骤之一，是在记忆外语的同时，播放与记忆内容毫无关系的动听的音乐。洛扎诺夫解释说，听音乐要用右脑，右脑是管形象思维的，学语言用左脑，左脑是管逻辑思维的。他认为，大脑的两半球并用比只用一半要好得多。

快速提升记忆的9大法则

在学习过程中，每一个学习者都会面临记忆的难题，在这里，我们介绍了一个记忆9大法则，以便帮助我们更好地提高记忆力，获得学习高分。

快速提升记忆的法则

记忆的9大法则如下：

1. 利用情景进行记忆

人的记忆有很多种，而且在各个年龄段所使用的记忆方法也不一样，具体说来，大人擅长的是“情景记忆”，而青少年则是“机械记忆”。

比如，每次在考试复习前，采取临阵磨枪、死记硬背的同学很多。其中有一些同学，在小学或初中时学习成绩非常好，但一进了高中成绩就一落千丈。这并不是由于记忆力下降了，而是随着年龄的增长，擅长的记忆种类发生了变化，依赖死记硬背是行不通了。

2. 利用联想进行记忆

联想是大脑的基本思维方式，一旦你知道了这个奥秘，并知道如何使用它，那么，你的记忆能力就会得到很大的提高。

我们的大脑中有上千亿个神经细胞，这些神经细胞与其他神经细胞连接在一起，组成了一个非常复杂而精密的神经回路。

包含在这个回路内的神经细胞的接触点达到1000万亿个。突触的结合又形成了各种各样的神经回路，记忆就被储存在神经回路中，这些突触经过长期的牢固结合，传递效率将会提高，使人记忆力增强。

3. 运用视觉和听觉进行记忆

每个人都有适合自己的记忆方法。视觉记忆力是指对来自视觉通道的信息的输入、编码、存储和提取，即个体对视觉经验的识记、保持和再现的能力。

视觉记忆力对我们的思维、理解和记忆都有极大的帮助。如果一个人视觉记忆力不佳，就会极大地影响他的学习效果。

相对视觉而言，听觉更加有效。由耳朵将听到的声音传到大脑知觉神经，再传到记忆中枢，这在记忆学领域中叫“延时反馈效应”。比如，只看过歌词就想记下来是非常困难的，但要是配合节奏唱的话，就很快能够记下来，比起视觉的记忆，听觉的记忆更容易留在心中。

4. 使用讲解记忆

为了使我们记住的东西更深，我们可以把自己记住的东西讲给身边的人听，这是一种比视觉和听觉更有效的记忆方法。

但同时要注意，如果自己没有清楚地理解，就不能很好地向别人解释，也就很难能深刻地记下来。所以首先理解你要记忆的内容很关键。

5. 保证充足的睡眠

我们的大脑很有意思，它也必须需要充足的睡眠才能保持更好的记忆力。有关实验证明，比起彻夜用功、废寝忘食，睡眠更能保持记忆。睡眠能保持记忆，防止遗忘，主要原因是因为在睡眠中，大脑会对刚接收的信息进行归纳、整理、编码、存储，同时睡眠期间进入大脑的外界刺激显著减少，我们应该抓紧睡前的宝贵时间，学习和记忆那些比较重要的材料。不过，既不应睡得太晚，更不能把书本当作催眠曲。

有些学习者在考试前突击复习，通宵不眠，更是得不偿失。

6. 及时有效地复习

有一句谚语叫“重复乃记忆之母”，只要复习，就会很好地记住需要记住的东西。不过，有些人不论重复多少遍都记不住要记住的东西，这跟记忆的方法有关，只要改变一下方法就会获得另一种效果。

7. 避免紧张状态

不少人都会有这种经历，突然要求在很多人面前发表讲话，或者之前已经做了一些准备，但开口讲话时还是会紧张，甚至突然忘记自己要讲解的内容。虽然说适度的紧张会提高记忆力，但是过度紧张的话，记忆就不能很好地发挥作用。

所以，我们在应该多训练自己当众演讲，以减少紧张的次数。

8. 利用求知欲记忆

对一个善于学习的人来说，记忆时最重要的是要有理解事物背后的道理和规律的兴趣。一个有求知欲的人即便上了年纪，他的记忆力也不会衰退，反而会更加旺盛。

9. 持续不断地进行记忆努力

要想提高自己的记忆力，需要不断地锻炼和练习，进行有意识地记忆。比如可以对身边的事物进行有意识的提问，多问几个“为什么”，从而加深印象，提升记忆能力。

第六章

快速练就超级记忆的技巧

字钩记忆法

关于字钩记忆法

字钩记忆法主要用于记忆许多抽象的词、词组和短文，指的是将记忆内容中的一个或几个最有特点，并且能和整体联系的字，单独提出来，进行重新排列和整理。在这种情况下，只要记住字钩，就能够记住所有内容。

字钩记忆法的主要作用是减轻大脑的负担。虽然人的记忆容量是无限的，但是一定时间内输入过多需要记忆的信息也会使大脑超负荷运行，造成大脑的疲劳，产生一定的负担，导致记忆效果的降低和记忆力下降。碰到这种情况，我们可以把记忆的内容简化，争取通过记忆很少的内容，达到记忆更多的信息的效果，以达到减轻大脑负担的目的，字钩记忆法就具有这样的特点和效果。

字钩记忆法的产生是人们合理利用大脑的自觉记忆和潜记忆的结果。潜记忆是人们普遍存在的一种记忆现象，它储存了人们平时记忆的大多数信息，只要大脑接收到相应的刺激，潜记忆中记忆的信息就会自动再现出来。字钩就是刺激潜记忆中信息再现的重要工具和手段。

字钩记忆法的运用

在运用字钩记忆法时，人们会把字钩记忆在自己的自觉记忆中，使字钩变成人们的永久性记忆，而其他信息则储存在潜记忆当中。当人们需要完整的信息时，就调出字钩，用字钩刺激潜记忆中的信息的再现。这样，人们只需要用大脑去记忆字钩，而潜记忆中的信息并不会对人们的大脑造成负担，一个轻松的大脑还可以接受各种各样的其他信息，从而提高记忆效率，增强记忆力。

字钩记忆法的用途非常广泛，比如我们都知道金庸写了15部作品，其中的14部作品是《飞狐外传》《雪山飞狐》《连城诀》《天龙八部》《射雕英雄传》《白马啸西风》《鹿鼎记》《笑傲江湖》《书剑恩仇录》《神雕侠侣》《侠客行》《倚天屠龙记》《碧血剑》《鸳鸯刀》。我们现在记忆这14部作品的方法是一副对联：飞雪连天射白鹿，笑书神侠倚碧鸳，如果再加上横批的《越女剑》，就能把金庸的所有作品都包括在内。这副对联中，每个字代表的都是一部作品，我们能通过这14个字就把所有作品都回忆出来，这就是典型的字钩记忆法。当然，字钩记忆法并没有规定必须用全部信息内容的第一个字作为字钩，而是要选择最有代表性、最顺口、让人们提取其他信息最方便的字。

在我们平常运用字钩记忆法进行记忆时，最好是和前面我们记忆那些金庸的作品一样，把所有的字钩排列成有意义的并且通顺的句子，这种做法比把字钩排列成一连串无意义的文字记忆效果要好。但是很多时候我们提取出来的字钩不允许被调换顺序或者组合起来不能够变成有意义的句子，这时候我们可以用和字钩同音或谐音字代替的方法进行替换，达到方便我们记忆的效果。比如说，要记忆我国的内蒙古、新疆、青海、西藏这四个主要的大牧区，就可以用“内新青西”来代替，但是“内新青西”并没有什么实际意义，这是后我们可以把新换成心、把青换成清、把西用晰代替，得到的结果是“内心清晰”，这样就变得有意义并且方便我们记忆。

有时候，我们在一段很长的信息内容中得到的字钩字数是很多的，这种情况下我们要学会对由字钩组成的句子进行合理地断句处理。研究表明，字钩组合的句子最好不要超过七个字，超过七个字，人们的记忆效率就会变低。因此，如果字钩组合超过七个字，就一定要进行有利于记忆的划分，但是一定要注意节奏的对称。

字钩记忆法的重点是在字钩的选择上，因此，必须仔细思考究竟选择哪些字作为字钩，同时在做出选择后，一定要仔细检查，如果发现我们所选择的字钩并不能有效帮助我们记忆，那么就应该马上对字钩进行更换，以免不利于我们对信息内容的记忆。

理解记忆法

关于理解记忆法

著名的心理学家巴特雷特曾经做过一个实验，他让被测者读一个故事，然后要求被测者回忆那个故事。巴特雷特发现被测者在回忆故事时并没有按照之前读的内容进行回忆，而是按照自己的方法进行回忆，并且有几个普遍的倾向：第一是故事会变得更短；第二是故事会变得更清晰，结构也更紧凑；第三是被测者做出的改变，与他们初次听到故事时的反应和情感是相互匹配的。巴特雷特认为这样的结果说明被测者的记忆系统中只保留了一些突出的细节，而剩余的部分则是根据自己的情感对原始时间的精细化和重构。简单地说，被测者回忆出来的故事，是把自己理解的主要内容用自己的语言表达了出来，这说明人们记忆最深刻的是自己理解的信息。

加强对记忆材料的理解

在记忆的过程中，我们该如何加强对记忆材料的理解呢？

第一，积极思考，了解概要。思考是大脑思维的重要活动，通过思考，人们才能对各种各样的信息加深理解。在大脑内部已经存在知识的基础上，通过积极的思考对记忆材料进行理解，能够让人们明白记忆材料所表达的大致意思。这样能让人们知道自己为什么要记忆某个材料，使人们拥有记忆的动力。

第二，逐步分析，找到记忆材料的关键。分析是为了找到记忆材料之间相互联系的部分，从而找到记忆材料的重点和主要内容。

第三，直观形象，融会贯通。把记忆材料变成直观的形象，更容易人们加深对记忆材料的理解和记忆。例如，把记忆材料之间的关系用图表、实物、模型、图片等方式表现出来，能够让人们对记忆材料之间的联系一目了然，使人们对记忆材料的了解更全面。比如，人们统计某件事情得到了很多数据，如果把这些数据凌乱地写在纸上，人们看过之后可能会很难理解，如果用图表的方式把数据罗列出来，人们就能一目了然，理解起来很方便也很轻松。

第四，运用到实践当中。实践是检验真理的唯一标准，我们所记忆的所有知识，都是用来为生活服务的，都是用来指导实际问题的。经常把记忆系统中的信息在实践当中运用，能够让我们对记忆信息的认知更加深刻，理解更加深刻，也能够深化和巩固记忆。实际上记忆和理解的关系非常密切，它们相辅相成，记忆离不开人们对记忆材料的理解，对材料的理解来源于人们的积极思考，思考的越多，理解的就越多，记忆的就越多。

材料的理解是一个过程，理解也不是绝对的理解，有时候人们对一些记忆材料会完全无法理解，这种情况下再用理解记忆法就没有任何效果，必须要把机械记忆法等其他的一些方法和理解记忆法进行结合，扬长避短，共同进行记忆活动，这样才能最有效地加深人们的记忆力。

概括记忆法

概括记忆法可以促进记忆效率

概括记忆法就是通过对记忆材料精心提炼、概括和简化，来抓住材料的重点进行记忆的方法。概括记忆对提高记忆效率有重大的作用，大多适用于记忆内容较多、较系统和复杂的材料以及社会科学知识。

记忆材料是多种多样的，很多记忆材料不但内容多，而且内容复杂，并且有很多无意义的内容掺杂在我们需要记忆的内容之中。这样的材料，我们没有必要全部记住，但是又不知道到底该记忆哪些部分，因此会对我们的记忆活动造成很大的困难。这种情况下，我们就必须要找到记忆材料的核心部分，抓住材料的重点和主要内容，集中精力进行记忆，这样才能够更好地记忆复杂的材料。比如说，要记忆我们国家所有的省、自治区、直辖市和特别行政区的名字，就可以对它们进行一下概括，如概括成“两湖两广两河山，五江云贵陕青甘，西四二宁福吉安，内台海北重上天，还有港澳好河山”这样五个诗句。在这五个诗句中，我们国家的所有省、直辖市、自治区和特别行政区都包含在内，其中两湖指的是湖南和湖北，两广指的是广东和广西，两河山指的是河南、河北、山东、山西，五江是指黑龙江、江苏、江西、浙江、新疆维吾尔自治区，云是云南，贵是贵州，陕是陕西，青是青海，甘是甘肃，西是西藏，四是四川，二宁是指宁夏和辽宁，福是福建，吉是吉林，安是安徽，内是内蒙古，台是台湾，海是海南，北指北京，重指重庆，上是上海，天是天津，还有港澳好河山就是香港和澳门。人们应该能明显地感觉到，通过这几句诗对我们国家的所有省级单位进行记忆要比把这些分开单独记忆效果要好得多，这就是概括的好处。

思维能力和概括能力的协同合作

概括记忆法要求人们具有非常强的思维能力和概括能力，只有这样才能对记忆材料进行充分的分析、思考和研究，才能提炼出记忆材料中的核心和精华部分。因此，运用概括记忆法，必须先锻炼自己的思维能力和把握材料的能力。人们必须要通过思考和分析找到材料的关键部分和大概意思，不能把注意力集中在一些不需要记忆的细枝末节上。要让自己的思维具有选择性和跳跃性，选准关键点去思考和记忆。还要根据不同的材料选择不同的概括方法，让材料在保存核心思想的基础上得到最大程度的减少，以减轻记忆负担。概括的方法主要有内容概括、主题概括、按顺序概括等。内容概括主要是抓住记忆材料的关键性词句和主要情节；主题概括主要是抓住记忆材料的主题和要领；按顺序概括是指突出材料的顺序性，或者是用容易回想起来的数字概括材料。很多时候，集中概括方法需要结合在一起进行使用才能更好地概括整个记忆材料，这需要人们根据实际情况进行最佳的选择和组合。

分类记忆法

什么是分类记忆法

人们在记忆较多的信息时，为了有效地提高记忆效率和记忆效果，通常会对记忆材料进行重新组织和分类编组，这种方法叫作分类记忆法，也叫系统记忆法。

对信息的分类，是指按照信息的某些本质或非本质的特征，找到记忆材料之间的共同点，将记忆材料进行科学的排列和组合，从而把零碎和分散的信息集中在一起，把杂乱无章的信息变得有条理。经过分类的信息，会变得更加概括化、条理化和系统化，减轻大脑的负担，提高人们的记忆效率。

想要让记忆变得更有效率，就必须将输入到大脑中的信息进行分类和整理，并且构建成系统。外界输入到大脑中的信息，有很多是需要人们记忆的。但是，这些信息并不会按照人们喜好的方式进入到大脑中，也不会为了适应人们的记忆特点而有条理地进入到大脑中，而是所有信息结合在一起，没条理、没规律、杂乱无章地输入。处于这样一种状态下的信息，如果不进行任何处理就直接去记忆，可能会有一定效果，但是绝对不可能把信息全部记住，同时也很容易造成大脑疲劳，对记忆效果产生严重的影响。在这种情况下，必须对信息进行有效的加工编码，重新、系统地进行组织和分类，从而促进记忆，提高记忆效率。

分类记忆法是如何提高记忆效率的

为什么经过分类之后的信息，会更方便人们记忆，并且能提高记忆效率呢？

第一，分类记忆法的基础是脑神经生理学。对信息进行分类，主要目的是为了让信息变得更加系统。脑神经生理学认为，记忆系统性的信息，能够在大脑中形成系统化的暂时神经联系，而零散性的信息，只能在大脑中形成个别的、独立的神经联系。相比较而言，系统性的神经联系会让人们的记忆变得更快、更有效率。

第二，分类后的信息更方便人们进行联想。想象力是记忆的来源，通过联想，人们能够在信息之间建立一定的联系，从而帮助人们记忆。而把信息进行分类，恰恰就能够让人们在进行联想时更轻松。举个例子来说，假如人们需要记忆香蕉、毛巾、狮子、电视、冰箱、牙刷、苹果、老虎、香皂、洗衣机、豹子、沐浴露、橙子、狗熊、电饭锅、橘子这16个词语，如果不对这些信息进行改变，只是按顺序去记忆这些词语，那么人们很可能只能记住7个左右的词语。因为每一个词语都相当于是一个组块，这些词语进入大脑中主要储存在短时记忆当中，但是短时记忆只能容纳7个组块的容量，我们记忆的内容不可能超过这个容量。这时候，就可以把这些词语进行分类，根据各种具体事物之间的联系，这16个词语总共可以分为4类，其中苹果、香蕉、橘子、橙子属于水果类，毛巾、牙刷、香皂、沐浴露属于卫生用品类，老虎、狮子、豹子、狗熊属于动物类，电视、冰箱、洗衣机、电饭锅属于家用电器类。这样分类之后，原来的16个单独的组块就变成了4个大的组块，而短时记忆中储存的组块数量虽然有限，但是每个组块的大小却没有任何限制，因此，4个组块很方便人们进行记忆。同时，当人们需要回忆这些词语的时候，由于相互联系的词语是共同记忆的，因此只要回忆起其中的一个词语，就一定能够想起另外几个，这也是对人们记忆能力的一种提高。

第三，分类是信息编码的一种主要方式。输入到大脑中的信息想要变成人们的记忆，就必须要先进行编码。分类作为信息编码的一种主要方式，自然有助于人们的记忆活动。

第四，分类本身就是记忆过程中应该遵循的一条重要原则。人们记忆信息的目的最终是要为日常的生活、工作和学习服务。如果人们直接去记忆那些杂乱无章的信息，非常麻烦，甚至有时候会比人们在日常生活、学习和工作中遇到的问题还要麻烦，如果是这样，人们进行记忆活动还有什么意义呢？所以，一定要把信息进行分类之后再记忆，这样就能够省去人们很多麻烦。

当然，分类也不是随便怎么分都可以的，如果分类之后的信息依然杂乱无章，对人们的记忆没有任何的帮助。想要让分类后的信息真正帮助人们记忆，就必须在分类时遵循同类相属、异类相别的原则，找准信息之间的本质和非本质的联系和特征，根据这些特征，将信息进行分类、分科、分种、分项。

分类记忆应坚持的原则

那么，分类记忆要坚持怎样的原则呢？

首先，信息分类之后的数量最好不要超过 7 个。短时记忆是人们在记忆的过程中不可缺少的阶段，但是，短时记忆的容量毕竟只有 7 个组块，因此，想要让记忆变得更有效率，分类时就不要超过 7 个组。

其次，要对信息有充分的理解。分类是需要遵循信息之间的联系和特征的，而理解信息，主要就是为了找出信息之间的联系和特征。因此，对信息理解得越深刻，人们对信息进行分类时就越轻松，记忆也就越有效率。

再次，要准确选择分类的依据。不同信息之间的相同特征和联系可能有很多，但是，却并不都适合作为分类的标准，必须要根据记忆信息的数量和种类，寻找到信息之间最鲜明、最有特点的内在和外在的联系，以此作为信息分类的依据。当然，如果想要达到最佳的记忆效果，最好还是按照事物的内在联系来对信息进行分类。

在分类记忆的时候，并不一定非要把有联系的信息放在一起进行记忆，很多时候可以把一段有顺序的信息从中间划分成几个部分，比如说人们记忆电话号码或者是其他的一些号码时，通常就会把号码分成几个部分，每个部分中包含着几个数字这样去记忆，而不是单独记忆每个数字。这其实也是一种对信息进行分类的方法。

事实证明，分类记忆对于人们识记信息，以及在大脑中提取信息都有重要的帮助。经常运用分类记忆的方法，不但能使大脑中的知识系统化，同时也能够使人们的大脑科学化，对人们养成科学的思维习惯有重大的帮助。

形象记忆法

形象感知是记忆的根本

形象记忆法就是通过对信息和一些具体形象之间的联想，来帮助人们记忆信息的办法，它是形象联想原则的实际应用。形象记忆法能够核实人们要记住的每件事物。

□ 什么是形象记忆

想要了解形象记忆法，必须先要清楚什么是形象记忆。形象记忆的主要内容，是人们自己感知过的事物的具体形象。比如说我们想要记住一个人，就需要记住这个人的具体形象，包括容貌、仪态；想要记住一种水果，就需要记住水果的颜色、形状、味道等。注意，必须记住一些具体直观的形象，才能够记住这些事物。形象记忆是随着人们形象思维的发展而发展的，和形象思维有着十分密切的联系。形象记忆以视觉形象和听觉形象为主，当然，由于人们从事的职业不同，一些特殊职业的人，在嗅觉等其他方面的形象记忆，也能够达到一定的高度。

形象记忆主要是针对一些抽象的记忆材料和事物，它也是一种常用的记忆方法。当然，用形象记忆的方法去记忆抽象的信息，有很重要的一个前提条件，那就是把抽象的信息形象化。

形象化就是指把记忆材料和事物，同人们能够看到的图像联系起来，把复杂的记忆材料和事物转化成图片的形式。一般来说，具体的图像比抽象的观点和理念更不容易忘记，就像我们听别人说一个人和我们真正见过一个人，产生的印象是不同的道理一样，我们对自己用眼睛看到过的人印象会更深刻。

事实上，这里所说的形象记忆法，主要应用在记忆抽象的记忆材料。这种方法主要有三个好处：第一，让人们在记忆事物和信息时更有秩序，避免因为混乱和毫无章法的记忆，造成人力和物力上的损失，比如因为没有记住某个地点而造成的东奔西跑的情况，会导致金钱和资源的浪费；第二，有助于人们记住一个完整过程的各个阶段，就像是做一件事情第一步要做什么、第二步要做什么等一样；第三，是能够减少自己的担心，很多时候，对某些事情记忆不清楚，会导致人们心绪不宁，比如说人们早晨出门一段时间之后，可能会突然想不起来自己早晨离家的时候，到底有没有关门。这些其实都是一些没必要的担忧，如果知道在大脑我们能用形象记忆法记住这些事情，那么当我们需要回忆信息的时候，就只要回忆大脑中有没有信息的图像，这样就能够免除那些不必要的担心。

形象记忆法的基础是形象联想

要运用形象记忆法，必须要让被记忆的事物在大脑中形成一个清晰的形象。但是，很多时候人们需要记忆的事物并没有具体的形象，这就需要人们发挥想象力，把需要记忆的事物和已经知道的事物形象联系起来。或许有人认为，这种联想必须建立在一定的逻辑关系的基础上，比如，太阳，就应该把它联想为一个圆形的事物。但是事实上并不是这样，运用形象记忆法时所进行的联想，完全不用去考虑信息和具体事物的形象之间，是否具有逻辑关系，它不一定是在人们印象中的那种正常的联想，可以是滑稽的，也可以是可笑的，甚至可以是牵强附会的。总之，只要人们联想出来的东西对人们记忆信息有帮助，没有任何形式的限制。

所有的记忆方法、记忆手段和记忆策略的目的，都是为了让人们的记忆不出现漏洞，形象记忆法也是一样。虽然形象记忆法的使用方法很简单，大多数人都可以应用，但是如果在使用时受到一些意外因素的影响，形象记忆法是不能起到帮助人们记忆的效果的。因此，在运用形象记忆法时，有几点重要的注意事项。

第一，形象联想可能是没有任何逻辑关系的，因此对于人们大脑中的那些不合理的、稀奇古怪的、不合逻辑的联想，不应该拒绝和排斥。在现实生活中，一些不符合实际情况和逻辑关系的联想总是会遭到别人的嘲笑，甚至有时候人们自己有这样的联想时，自己都会感觉到可笑，可能还会认为自己很愚蠢。但是在记忆领域内，这样的联想是正常的，它能够提高记忆效率，改善人们的记忆力。

第二，不能随意加速形象联想的过程。俗话说熟能生巧，任何事情做的次数多了，都会变得熟练，速度也会变快。形象联想的次数增加之后，联想的速度同样会变快。但是这种快却并不是人们所需要的。想要让信息变成长时记忆，并不是瞬间就能完成的过程，这其中需要自身的努力和足够的时间，单纯地提高形象联想的速度，并不会起到任何效果，甚至还可能会产生负面的作用。

第三，形象联想附加评论和一些情感上的判断，也能加深记忆。记忆具有个性化的特点，而对形象联想附加评论和一些情感上的判断，恰好会使记忆信息变得更富有个性化，更方便记忆。

图像记忆法

图像记忆法是指以联想作为手段，将自身需要记忆的信息，转化成比较夸张、容易引起自己的注意，并且不讲究是否合理的图像，从而加深记忆，提高记忆效率的一种方法。

图像记忆法在我们的记忆中应用广泛

在整个记忆领域中，图像记忆法有着很高的地位。人们所进行的各种记忆活动中，很多信息都是依靠图像记忆法，才能最终被人记住。随着人们年龄的增长，语义记忆的能力在逐渐减弱，与之相对应，情景记忆的能力却在逐渐增强，而图像记忆法和人们的情景记忆能力的关系十分密切，所以人们会越来越依赖图像记忆法，来记忆各种记忆材料和信息。

人们发挥自己的想象力进行联想，是图像记忆法一个重要的环节。但是，在使用图像记忆法进行的联想时，其自身也有一定的特殊性。

□ 图像记忆法的特殊性

第一，非必要合理性。非必要合理性是指人们在运用图像记忆法时进行的联想，可以不受任何限制，也不需要符合一定的逻辑关系或者实际情况。这样会使人的思维变得更活跃，联想出来的东西也更丰富，对记忆的促进效果更大。这种联想有明显的目的性，主要就是为了帮助人们记忆。为了达到这样的目的，联想内容的合理与否根本不会有任何的影响。

第二，容易相关性。容易相关性是指人们针对记忆主体所进行的联想方式，越适合自己，就越容易记忆。俗话说“鞋合不合适只有脚知道”，人们所进行的联想到底能不能帮助自己记忆，也只有自己知道。因此，在选择联想方式的时候，必须选择最适合自己的方式，这样才能做到最大限度地提高记忆力。另外，记忆本身就是人们自己的东西，人们想要记忆什么样的信息，以及怎么去记忆信息，不需要考虑其他人的感受。既然只需要考虑自己，当然是各个方面都选择最适合自己的，包括联想的方式。

第三，夸张性。夸张性是指人们在使用图像记忆法时所进行的联想，可以进行一定程度的夸张。当然，如果是真的有助于人们记忆，也可以夸张到非常严重的程度。过分夸张可以刺激海马体分泌一种波线，这种波线有利于海马体细胞树突上的树突棘的改变。因此，夸张的联想同样有助于人们的记忆。

图像记忆法应用起来非常简单，就是把一些信息联想成一幅完整的图像来帮助人们记忆。比如说，人们需要记忆电脑、鲜花、飞机场、窗帘、圆珠笔、东非大裂谷、外国、虚假同感偏差、消失、阿拉巴马这些信息，就可以通过自身的联想，让它们形成一个整体的画面，比如说，可以想象成电脑按着鲜花留下的标示来到了飞机场，派遣窗帘中队来阻止圆珠笔掉进东非大裂谷，但是在外国的上空，受到了虚假同感偏差的袭击，于是中队消失在了阿拉巴马。这样的一个整体画面，人们可以通过其中的一点而想起其他相关的部分，从而达到提高记忆效果的目的。

提纲记忆法

什么是提纲记忆法

提纲记忆法就是指通过对记忆材料的分析和总结，将其归纳成提纲的形式进行记忆的一种方法。这种方法不仅能够促使人们对记忆材料进行深入的思考，加深对记忆材料的理解，同时也能将材料中的知识系统化，按照一定的顺序储存到自己的记忆库中，无论是对保持记忆还是对回忆，都有一定的好处。实际上，编写提纲本身就是一个加深对记忆材料的理解和巩固记忆的过程，从这一点上来看。提高记忆法确实是有助于人们记忆的。

编制提纲提高记忆效果

使用提纲记忆法时，最重要的步骤就是编制提纲。编制提纲的主要目的是对记忆材料进行分析、综合和概括，主要的作用是体现材料的主要内容、精神实质以及相互之间的逻辑关系，同时也能体现人们自己的语言风格，使材料更符合自身的记忆特点，最终提高自身的记忆效果。那么，编制提纲为什么能提高记忆效果呢？

第一，提纲是对整个材料的概括，因此线索清晰，内容简便，方便人们直接观察；第二，虽然与整个记忆材料相比，提纲的内容简便，但是，它却概括了记忆材料的全部内容，也就是说我们记忆提纲和记忆完整的记忆材料的效果是一样的，但是记忆提纲却能节省很多时间；第三，提纲像正常的文章那样，时间、地点等各种因素俱全，它只要概括出主要内容就可以，因此在行文上异于常规文章，同时因为篇幅短小，有一种“小清新”的感觉，能给人留下深刻的印象；第四，编制提纲，能够把记忆材料内部的各种联系全部整理清楚，使人们分清材料内容的主次，条理分明、层次分明，做到有针对性地记忆，加速记忆过程；第五，提纲语言简洁，表达意思直接明了，集中了材料中所有内容的精华，自然方便人们记忆。

提纲记忆法的运用

提纲记忆法条理分明，虽然简化了记忆材料，却保留了记忆材料内部的联系，是提高记忆效果和记忆效率的重要方法。那么，究竟应该怎样运用提纲记忆法呢？

第一，要熟读并且分析记忆材料，找到记忆材料内部的各种关系和其基本的脉络，为编写提纲打下坚实的基础，并做好充分的准备。提纲毕竟是对记忆材料的概括，因此熟读并且掌握记忆材料的主要内容是十分重要的；另外，所谓概括，既不能脱离原材料的主要内容，又必须要把整个材料内容用简洁的语言表达出来，这就要求我们必须对材料进行分析，找准材料中的主要内容和主要关系，这样才能编制出最准确的提纲。

第二，发挥大脑对信息的组织能力，对记忆材料进行概括和综合。这是使用提纲记忆法最主要的步骤。在概括材料时，一定要抓住记忆材料的重点和主干，并且把要记忆的材料纳入大脑原有的知识中，使其变得条理化。只有对材料进行概括和综合之后，才有了编制提纲的根据。

第三，在深刻理解材料内容，把握材料中的各种关系的基础上，用文字的形式编制出提纲。要用自己的语言，把经过分析和综合并储存在大脑中的内容表现出来，甚至在有必要的情况下也可以和别人进行讨论，避免自己编制的提纲不够完美。

这样编制完成提纲之后，就为人们使用提纲记忆法进行记忆打下了良好的基础。然后，只要按照提纲进行记忆，记忆材料中包括的所有主要内容，我们就全部都能记住。

编制提纲并不是千篇一律的，必须要根据记忆材料的具体篇幅、分量、内容等实际情况进行编制。同时，要根据记忆材料的主要内容，分清主次和关系，明确各个部分内容在材料中所占的地位，以主干为中心进行编制。同时，提纲是为自己服务的，因此必须要用自己的语言进行编制、概括和表述，这样才能最有效地提高记忆效率。当然，使用提纲记忆法之后，复习必不可少，如果不复习，即便是提纲做得再简便、再方便，一段时间之后仍然会忘记材料的内容。

细节观察法

什么是细节观察法

细节观察法是指有意识地抓住或认准事物的某些细节，并且积极地进行观察，从而达到记忆某些事物的目的。一般来说，细节观察得越具体、越细致，人们对事物的记忆就越深刻。

大多数人都应该有这样的体会，自己清楚仔细观察过的事物，记忆会很深刻，相反，走马观花似的看过的事物，则很难清晰地记忆。就像是记一辆汽车，如果它停放着让人们仔细看，那汽车的各个方面肯定都能被记住；如果是汽车从人们的身边飞速行驶过去，只来得及看一眼，那人们除了能够记住汽车行驶起来很快之外，其他的一定全都记不住。

当然，并不是说所有人们仔细观察过的事物，都能够储存到人们的记忆中，有些时候，人们虽然仔细观察过一些事物，却仍然记不住，这是因为人们对它完全没有兴趣。事物是否能储存到人的大脑中，最关键的一点是人们是否对它感兴趣。事实上，使用细节观察法使用的前提，就是人们对事物有一定的兴趣。

人们对自己感兴趣的容易记忆

那么为什么人们对感兴趣的事物进行仔细观察后，就能够把它储存到自己的记忆中呢？

□ 仔细观察能让人们对事物认识和理解更深刻

人们对一件事物理解越深刻，记忆就越清晰，就像学生学习各种知识一样，对知识理解越透彻，记忆就越深刻，运用的时候也会越轻松。人们观察事物的过程，实际上就是一个对事物进行认知和理解的过程，这个过程越仔细，能观察到的东西就越多，能找出来的信息也就越多，对事物的理解就会越深刻。就像电视中的警察处理各种案件一样，为什么警察要无数次地勘察案发现场，就是为了能够找到对破获案件有帮助的各种信息，很多时候案件的告破，都是因为警察在无数次的观察案发现场之后，发现了有用的信息，才找到真正的罪犯。

另外，人们经过仔细观察，理解了一些信息之后，就能够用自己的语言把信息描述出来，这同样有助于人们记忆信息。比如某些物品的使用说明书，一般说明书都会做得非常仔细，各种各样有用和没用的步骤全部集中在一起，但是有时候这种仔细代表的就是非常乏味，不能引起人们的兴趣，甚至有时候会让人们无法弄清楚。这种时候人们就可以通过仔细观察，找到每个步骤的核心内容或先后次序，把这些东西用自己的语言表述出来。人们对于自己的语言的理解一定是非常透彻的，这样人们就会对整个说明书中重要的内容记忆深刻，长时间都不会忘记。

□ 观察的本身就是进行编码

观察事物的过程，本身就是一个对和事物有关的信息，进行编码的过程。编码是各种信息转变成记忆的第一步，人们在观察事物的时候，会得到各种各样的信息，这些信息输入到大脑中会自动进行编码，并且储存到记忆系统中，最后形成记忆。

□ 仔细观察有助于记忆

仔细观察有助于把事物的信息，与人们已有的记忆进行联系，帮助人们记忆。把事物或者是记忆信息和已有的记忆进行联系，是人们记忆的一个重要方式。人们有意识地观察某种事物需要用到的人体器官主要是眼睛，但是，在人们观察事物的过程中，并不是只有眼睛在运动，大脑同样也在进行着各种活动。人们观察事物时所得到的信息，会通过眼睛传输到人们的大脑中，大脑会自动把这些信息和已有的记忆进行联系。观察越仔细，观察时间越长，得到的信息就越多，和大脑中已有记忆的联系也就越多，人们的记忆就越深刻。比如说人们观察一件古代的艺术品，在观察的同时，可以把大脑中已知的艺术品的年代、作者、材料等和其紧密地联系起来，这样人们对这件艺术品的印象一定非常深刻。

细节观察法在现实生活中的应用非常广泛，人们能用它记忆的事物有很多，包括教别人使用某些东西、记忆在商店中看到的某种物品、记忆新认识的朋友、某种物品的介绍、和别人讨论某种物品等。

外部暗示法

什么是外部暗示法

外部暗示法是指当人们不能回忆出某些事情时，可以通过外部的一些辅助工具的帮助，或者是外部环境的改变，把不能回忆出来的事情回忆起来；另外，人们在进行记忆活动时，不一定把所有的信息全部都记忆到大脑中，有些信息可以通过外部的辅助工具来帮助人们记忆。总之，外部环境和一些辅助工具的帮助，对人们进行记忆活动有很大的帮助。

把所有的信息都写下来，是一种非常有效的记忆方法。在日常生活中，很多信息非常重要，需要人们仔细记忆。但是人们的大脑容量是有限的，同时接收很多重要的信息，不可能全部记住，如果把所有信息全都用大脑去记忆，很容易会造成大脑疲劳；另外，人们每天虽然看似有很多时间，但是却并不能把所有的时间全部拿出来进行记忆活动，同时大脑也需要休息和补充营养。也就是说，虽然人们每天都需要记忆很多信息，但是却不能全都用大脑去记忆，需要一些外部辅助手段，来帮助人们进行记忆活动。如果能够用自己所在的外部环境中的一些工具来帮助和提示自己，那么人们的大脑就可以进行其他的活动或者是休息。事实上，大多数人都会用外部辅助工具，来帮助自己记忆和提示自己回忆。

利用辅助工具进行记忆

在日常生活中，最常用的辅助工具是笔记本、日常表和约会簿，人们会把自己需要记忆的一些信息记录在里面，在需要的时候看一下，这就能够帮助人们记住或回忆起这些信息。比如一些工作非常忙碌的人，他们会把每天要做的事情都记录下来，随时翻看，这样就不应再花费时间去记这些事，让自己的大脑去思考其他的事情。

随着科技的发展，电脑、录音机等高科技产品逐渐成为辅助人们记忆的主要工具。比如说，我们在参加会议或者是对别人进行采访时，会在短时间内得到大量有用的信息，但是这些信息我们却不能全部用大脑记住，这时候就可以用录音机把别人说的话全部都录下来，等到事情结束之后再进行整理，避免一些重要信息被遗忘。

辅助工具对人们的记忆活动有很大的帮助。但是这并不能说明辅助工具起到的全是正面作用，有时候，辅助工具也会起到一些不好的作用。

人们在进行记忆活动的时候，不仅能够记住各种信息，还能够充分利用和开发大脑的记忆能力。大脑记忆能力的充分开发，对人们进行各种社会活动，会产生积极的影响。但是如果记忆任何信息都要借助外部辅助工具，那就会阻碍大脑的思想训练，从而阻碍大脑记忆能力的开发，使人们产生一种懒惰的心理和情绪，对人们进行各种社会活动产生消极的影响。同时，对外部辅助工具过分依赖，也容易对个人的独立性产生不利的影响。

通过改变外部环境提示人们记忆

外部环境的改变，同样能提醒人们记住某件事情。人们对于自身所生活的外部环境都是非常熟悉的，一旦这个环境中的某一点发生了变化，就会对人们起到一种暗示的作用，提示人们应该去做某些事情了。这种改变其实并不需要多么大的场面，有时候只是一点点微小的改变就能够起到一种很好的提醒作用。比如说，人们上班需要带上某些东西，就可以提前把东西拿出来放在一个显眼的地方；再比如说想要洗衣服，就可以提前把脏衣服放到洗衣机附近，这样就能够提示人们该洗衣服了。

这种通过改变环境的方式来提示人们记忆的方法，任何人都可以使用，但是由于人与人之间的习惯、生活方式等的不同，不同的人记忆同一件事情对环境的改变方式可能是不同的，比如说第二天上班要带的某样东西，有些人可能会把它放在客厅的茶几上、有些人可能会把它放在门口，还有些人可能会把它和自己的包包放在一起，虽然改变的方式不同，但是却都能够对人们起到提醒的作用。这也就是说每个人在使用这种方法的时候，都必须要按照自己平时的习惯去改变外部环境，不要因为别人的方法比较好就去模仿别人，否则的话很可能环境被改变了，却没有起到提示的作用。

使用改变外部环境来提示人们记忆的方法，还有一条重要的原则，就是不能拖延，这一点至关重要。只要一想到以后要做的事情，一定要在第一时间选择出正确的提示方式，不然的话很可能在一段时间之后就忘记了自己需要做的事情。

虚构故事法

什么是虚构故事法

虚构故事法是指当人们需要记忆很多信息和事物，并且这些信息和事物相互之间没有联系的时候，可以运用自己的联想，把这些故事和信息变成一段简单有趣的小故事，来帮助人们记忆的一种方法。

比如说，人们要记忆“红塔山、狂奔、喜欢、足球、绊倒、汽车、啤酒、警察、哥哥、惊醒”这些词语，就可以运用自己的联想，编出一个小故事来对这些词语进行记忆。

有一天，老李抽着一根红塔山走在黑夜之中的马路上，突然从路边蹿出来一条狗，并且直接向老李狂奔了过来，老李很害怕，心想这条狗不会是喜欢上自己了吧，可是自己的内心接受不了啊，于是他掉头就跑。可是跑着跑着，突然被一个足球绊倒。老李站起来继续跑，可是这时候却发现狗已经开着汽车追了上来。老李见跑不过，于是停下来，掏出一瓶啤酒对追上来的狗说：“你先喝点酒歇歇，我继续跑，一会儿你再追。”于是他继续向前跑。过了一会儿，他突然看见了一个警察站在路上，于是跑上去对警察说：“后面有一条狗酒驾。”于是警察把狗抓了起来。这个时候狗才有机会对老李说：“我是你失散多年的亲哥哥啊！”于是，老李从梦中惊醒了。

从这些词语表面上的意思来看，它们似乎没有任何关系，这也导致了人们所编的这个故事并不符合实际情况，非常具有离奇的色彩。可能有人在听了这个故事之后会嗤之以鼻，认为这就是胡编乱造，没有任何的意义。确实，这个故事并没有任何意义，但是，人们编这个故事的根本原因并不是为了讲故事，也不是为了娱乐听众，而是为了要记忆那些看起来没有任何关系的词语。从结果上看，人们要记忆的词语都被编到了这个故事当中，如果把这个故事背诵熟练，那么人们所需要记忆的词语就全部都能记住了。也就是说，为了记忆某些信息而编造一个不符合实际的故事，这种做法是有很大效果的，人们可以通过这样的方式来记住自己需要记忆的东西。其实这种方式就是运用了虚构故事法。

从故事中可以看出，虚构故事中运用到的最重要的大脑思维活动就是联想，人们需要通过联想把一些不存在任何关系的信息联系起来，从而达到记忆信息的目的。很多人觉得即便是运用大脑进行联想，也要符合一定的现实，但是实际情况却并不是这样的。就像上面所说的例子，由于需要人们记忆的信息本身并不存在相互关系，导致了这种联想基本上都是不符合实际的，也是没有任何逻辑关系的。

人们在运用虚构故事法进行记忆时，也可以根据实际情况对这种方法进行灵活的改变，比如说，当信息实在是太多时，可以不止编一个小故事，而是编几个小故事分别进行记忆；再比如，当人们需要记忆更多的细节时，也可以为自己编的小故事配上图片或者图表等情境内容作为提示，使自己可以联系实际情境进行记忆，这样就能记住更多的细节。

如果人们能够掌握虚构故事法，将会对记忆活动有很大的帮助，特别是在记忆材料复杂并且繁多的时候，运用这种方法更能起到非常好的作用。

正确运用虚构故事法帮助记忆

当然，虚构故事法虽然对人们的记忆有很大的促进作用，但是在运用这种方法的时候，还有一定的原则需要遵守。

第一是人们在使用虚构故事法进行记忆活动的时候，必须要按照人们需要记忆的信息的顺序去编故事，不能把信息原有的顺序颠倒或者打乱。实际上这一点也可以算是虚构故事法的缺点和局限性。就像前面的那个例子，如果有人问足球是出现在喜欢之前还是喜欢之后的时候，如果变化了信息的顺序，人们就不可能回答出来了。当然，这意味着人们也只能按照特定的顺序来记忆信息，因为当人们在对信息进行回忆的时候，只能通过对整个故事的重新搜索才能回忆出来。

第二是人们运用联想编出来的故事，尽量要具有趣味性。这一点并不是必须要坚持的原则，但是有趣味性的故事和毫无意义并且让人昏昏欲睡的故事相比，人们记忆有趣味性的故事效果会更好，甚至有些人可能根本就不可能记住那些毫无意义的故事，即便这些故事是他们自己编造的。

第三是虚构故事法虽然是运用联想编故事来帮助人们记忆，并且即使人们编出来的故事可以不符合实际情况，也可以让别人听得云里雾里，但是故事必须要让自己能够理解，如果自己都不能弄清楚自己编出来的故事，那么只会让自己的记忆变得一团糟。

逻辑推理法

什么是逻辑推理法

逻辑推理法指的是通过思考、推理等手段，找到各种信息之间的某种规则、逻辑或者是联系，重新规划信息，使信息变得有意义，从而提高记忆力的方法。

思考就是通过大脑思维活动来想一些事情，而推理就是根据一些已知的条件，得出未知的结论。看起来这两种行为确实都和人们的记忆力没有任何的关系，就像一个非常擅长思考和推理的人，即使记忆力很好，也只是在这两个方面相关的事情上的记忆力很好，但是对于其他方面的信息却手足无措，没有这么好的记忆力，这样就导致了很多人都认为逻辑思考能力和推理能力和记忆力没有任何关系。但是事实恰好相反，如果一个人拥有非常好的逻辑思考能力和推理能力，那么这个人的记忆力也能够变得非常好。

运用逻辑推理法促进记忆

第一，思考和推理都是在人们的大脑中进行的活动。经常进行逻辑思考和推理的人，大脑一定非常活跃，得到的锻炼也一定很多，相应地，大脑一定非常发达。而记忆活动同样是发生在人们大脑中的活动，一般来说，人们大脑内部的活动越活跃，人们的记忆效果就会越好。一个发达、活跃的大脑，一定会对记忆活动起到促进作用，使人们的记忆能力显著提高。

第二，思考和推理能够提高人们对信息理解的程度。人们对各种信息的记忆程度，与人们对信息的理解和加工程度是分不开的：信息加工和理解得越透彻、越清晰，记忆效果就越好；反之，人们对信息的记忆效果则非常差。逻辑思考和推理本身就是一个对信息加工和理解的过程。思考的过程需要对信息进行分析，这样就能够加深人们对信息的认知和理解，在人们得到自己思考的结果的同时，信息就已经被分析和理解透彻；人们在进行逻辑推理的时候，同样需要对各种信息进行分析，这样才能推理出正确的结论，因此在推理的过程中人们对信息也已经分析和理解透彻了。这也就是说，通过逻辑思考和推理的方式，人们能够记忆各种各样的信息。

第三，复杂信息的记忆需要运用一些特殊的方法，比如找到不同信息之间的共同点。人们可以通过对共同点的记忆、把共同点当作字钩等方法，来记忆各种不同的信息。逻辑推理的过程本身就是一个找信息之间共同点和不同点的过程，只要能够找到信息之间的共同点，那么各种信息就能够轻松储存到人们的记忆里。

第四，当信息以一个完善的逻辑体系的方式，储存在记忆系统中时，一旦人们遇到问题，记忆系统中的信息结构就能被迅速调动起来，并且能够以最快的速度找到解决事情的方法。对信息的逻辑思考和推理能够使各种不同的信息凝结成一个完善的体系，同时由于人们在思考和推理的过程中，对信息的分析和理解非常透彻，导致这种知识形成的体系，会直接储存到人们的记忆系统中，在人们有需要的时候为人们服务。

逻辑推理法同样离不开想象力的帮助，因为在人们进行逻辑思考和推理的过程中，想象力能够帮助人们迅速在各种不同的信息之间建立一定的联系，从而大大方便人们达成逻辑思考和推理的目的。

总之，逻辑推理法不仅能使人们的大脑变得训练有素，大大提高人们的智力水平，同时也能够有效地改善人们的记忆能力，增强人们对各种信息的记忆效果。

联想记忆法

什么是联想记忆法

看到了一个事物就会自然想到另一个事物，这就是联想。正是因为有了联想，人们才会将不同的事物之间联系在一起。因此，联想在记忆过程中起着非常重要的作用，人们会自动寻找客观事物之间的关系和联系，然后把关系和联系在大脑中形成相互连贯的线条，这种连贯的线条就是记忆和联想的基础。

联想记忆法的类型

联想和记忆有着密切的关系，联想是最重要的记忆法之一。适当地利用联想记忆法，对增进记忆力有很大的帮助。下面我们介绍四种主要的联想记忆法：

□ 接近联想法

接近联想法，指两种事物之间在空间上同时或接近，时间上也同时或接近，然后在此基础上建立起一种联想的方式。

首先举例说明空间联想，例如，有时候很熟悉的外语单词，到用的时候一下子就想不起来了，可是这个单词在书本的什么位置却清晰记得，这样我们就可以想一下这个单词前面是什么词、后面是什么词，这样持续地联想，往往对想起这个单词有很大的帮助。因为这个单词与前面的单词、后面的单词位置很接近，所以在空间上建立起了一种联想。

我们再举例说明时间联想法，例如，一个人去参加女儿的毕业典礼，在毕业典礼上他和他的女儿拍了张照片，可后来他却发现找不到了。于是这个人就回忆当时是在什么情况下丢的。他晚上回到家还和全家人看了照片，看完后他想着放到一个比较容易找到的地方，等买到相册，放到相册里。晚上11点多他上床睡觉，那照片放到哪儿了呢？突然，他想到是顺手放到了床头柜里了。这就是在时间上建立起来的联想。

□ 相似联想法

相似联想法，即一个事物和另一个事物类似时，往往会看到这个事物从而联想到另一个事物。相似联想突出了事物之间的相似性和共同的性质、特征。事物相似包括原理相似、结构相似、性质相似、功能相似的事物。

结构相似是指事物从外观构造上相似。例如，以青为基本字，组成“情、请、晴、清”等字。由于这几个字字形相似，所以很容易引起联想。

性质相似又可以分为形态相似、成分相似、颜色相似、声音相似等。例如，利用声音的相似词语来代替被记材料，我国唐代以后的五代：梁、唐、晋、汉、周，记起来比较不容易，顺序也会颠倒。因此，以“良糖浸好酒”来代替很容易记忆。

原理相似和功能相似也是这个道理。总之，通过记忆两者之间的相似性和共性，便可在记忆中发挥很好的作用。

□ 对比联想法

对比联想法是由一事物想到和它具有相反特征的方法。也就是说通过对各种事物进行比较，抓住其特有的性质，从而帮助我们增强记忆力。如，抗金英雄岳飞庙前有这样一副楹联，写的是“青山有幸埋忠骨，白铁无辜铸佞臣”。“有”和“无”是相反，“埋忠骨”和“铸佞臣”是对比。我们只要记住这副对子的上句，下句通过对比联想，毫不费力就记住了。

□ 关系联想法

关系联想法是由原因想到结果、由结果想到原因、由局部想到整体，或者由整体回忆起局部的方法。在我们学习过程中，有许多材料能用到关系联想这种记忆方法，通过此方法可以有效地达到我们记忆的目的。例如，你想不起很多年前的一次考试或者一场比赛的结果了，但是你能想起你当时非常沮丧，朋友和家人都安慰你了。根据这个结果，你很可能就会回忆起你在考试或者比赛中的表现，这就是从结果推导原因的一种联想。

综上所述，大多数人都会通过联想记忆东西。比如你银行卡密码的设置时是生日或是你喜欢的数字等。相反，如果有些事物和我们知道的东西联系不起来，我们要如何记住它们呢？这时，你就要发挥丰富的想象力了。当一个人想记住一些东西，他就会用自己想象力量唤起埋藏于内心的情景和图像，然后将这些情景和图像储存在心里。如你想记住西奈山的启示，你只需要想象一下，你站在以色列人当中聆听先知摩西颁布“十诫”时的情景，你会牢牢记住它。这是一种联想记忆的能力。

联想是记忆的重要手段，能够强化记忆。我们在记忆和学习新事物时，要善于想象，不能局限于一种联想法的应用。另外，联想会受一些因素的影响，对于新形成的联想就容易回忆，如最近看过的电影就比以前看过的电影容易回忆。联想反复使用的次数越多越不容易忘记，如乘法口诀。我们应该积极、主动、充分发挥联想在记忆中的作用，以提高记忆水平。

罗马房间记忆法

罗马房间记忆法的应用

罗马人是记忆术的伟大发明者和实践者。在当时，他们构建了一种很流行的记忆方法，那就是罗马房间记忆法。

罗马房间记忆法充分运用了左右脑的功能，因而这种方法可以很好地检验左脑和右脑皮层，以及各种记忆方法的应用情况。使用罗马房间记忆法需要在大脑中建立精确的结构和次序，还需要大量的想象和联想。罗马人想象的是通过房子和房间的入口，然后将尽可能多的物体和各式家具塞满房间，他们把每件物体和每件家具与要记忆的事物联系起来。

□ 在演讲中的应用

例如，古罗马著名演说家马库斯·图留斯·西塞罗，他在自己的演说中应用的就是“罗马房间记忆法”。他通过想象将演讲中的话题和自己房间中的物品绑在一起记忆。

在演讲之前，西塞罗把演讲的事项放到了想象的房间，并与房间内的结构、物品联系在一起。他想象着他的房间：前门两边有两根巨大的柱子，两位新任部长在入口处分别抱着那两根柱子；走廊的中央有一尊精美的希腊雕像，希腊雕像正穿着由大设计师设计的新军装；客厅里有一张大沙发，那张大沙发上扎进了一支锋利的箭，旁边放着一顶光彩夺目的头盔，铮亮的鞋子紧挨着头盔；厨房在客厅的左侧，在厨房里，一匹马正在吃着地上的干草；厨房旁边有一个楼梯，运动员在楼梯上跑上跑下；楼上是一间卧室，里面有张大床。一个胖官员慵懒地躺在床上，手里拿着“最佳官员”的勋章。

到了西塞罗演讲的那一天，他站在观众面前，开始了他的房间“虚拟漫步”。首先映入他脑海的是前门入口处的两根巨大的柱子，两根柱子旁边分别是新任命的部长。走廊中的希腊雕像看上去格外不同凡响，原因是这位希腊女神穿着由乔治乌斯·阿玛尼乌斯设计的新军装。接下来他又来到了客厅，看到了沙发上的三样东西：一支锋利的箭、耀眼的盔甲和铮亮的鞋子。然后西塞罗又注意到了左侧的厨房，里面有一匹马，他马上想到了“护理马匹”的宣传活动，着重强调冬季要及时护理马匹。西塞罗继续着他的漫步之旅，他想上楼去自己的卧室，看到几十个运动员在楼梯上来回跑，他上不了楼。这让他联想到“下个月即将召开的运动会”。西塞罗最后走进了卧室，看到一个胖胖的官员舒服地躺在床上睡着了。“这是他应该享受的，教育部门还为这些优秀官员组织了到夏威夷岛度假。”西塞罗大声地向观众说。

图书在版编目（CIP）数据

超级记忆术 / 陈玢编. — 北京 : 中国华侨出版社, 2018.5
（大脑使用书 / 侯海博主编）
ISBN 978-7-5113-7651-0

Ⅰ. ①超… Ⅱ. ①陈… Ⅲ. ①记忆术 Ⅳ. ①B842.3

中国版本图书馆CIP数据核字(2018)第061789号

超级记忆术

编　　者：陈　玢
出 版 人：刘凤珍
责任编辑：紫　夜
封面设计：冬　凡
文字编辑：聂尊阳
美术编辑：郭　静
经　　销：新华书店
开　　本：880mm × 1230mm　1/32　印张：7　字数：152 千字
印　　刷：北京万友印刷有限公司
版　　次：2018 年 5 月第 1 版　2019 年 10 月第 16 次印刷
书　　号：ISBN 978-7-5113-7651-0
定　　价：128.00 元（全六册）

中国华侨出版社　北京市朝阳区静安里 26 号通成达大厦 3 层　邮编：100028
法律顾问：陈鹰律师事务所
发 行 部：（010）88893001　　传　　真：（010）62707370
网　　址：www.oveaschin.com　　E-mail：oveaschin@sina.com